Achim Eckert

Das heilende Tao

Achim Eckert

Das heilende Tao

Gesund im Gleichgewicht
der fünf Elemente

Verlag Hermann Bauer
Freiburg im Breisgau

Die Deutsche Bibliothek – CIP-Einheitsaufnahme

Eckert, Achim:
Das heilende Tao : gesund im Gleichgewicht der
fünf Elemente ; [ein Übungsbuch] / Achim Eckert. –
3. Aufl., 9.–11. Tsd. –
Freiburg im Breisgau : Bauer, 1992
   ISBN 3-7626-0365-0

3. Auflage 1992 – 9.–11. Tsd.
ISBN 3-7626-0365-0
© 1989 by Verlag Hermann Bauer KG, Freiburg im Breisgau
Alle Rechte vorbehalten
Satz: Typobauer Filmsatz, Scharnhausen
Druck und Bindung: Ueberreuter Buchproduktion, Korneuburg
Printed in Austria

Was wir beobachten, ist nicht die Natur selbst,
sondern die Natur, wie wir sie betrachten.
Werner Heisenberg

Inhalt

Einleitung 11

Die fünf Naturkräfte oder Elemente 13

Das Element Holz 15
Geistige und körperliche Übungen, um
das Holz zum Wachsen zu bringen 23
    Klärende Fragen 23
    Die Zukunftsvision 24
    Der unausgedrückte Ärger 25
    Der Ärger im Alltag 25
    Bewegung 25
    Die Meridiane von Gallenblase
    und Leber 25
    Die Aktivierung des
    Gallenblasenmeridians 29
    Die Aktivierung des Lebermeridians . . 32

Das Element Feuer 34
Geistige und körperliche Übungen,
um das Feuer zu entzünden 38
    Klärende Fragen 38
    Der Blick ins Feuer 38
    Die Lichtmeditation 39
    Das Spiegelbild 39
    Die Meridiane von Herz
    und Dünndarm 40

Die Aktivierung des Herzmeridians . . 41
Die Aktivierung des
Dünndarmmeridians 44
Die Aktivierung des Meisters
des Herzens 46
Die Aktivierung des
Dreifachen Erwärmens 48

Das Element Erde 49
Geistige und körperliche Übungen,
um die Erde zu stärken 55
    Klärende Fragen 55
    Sich erden 55
    Mitgefühl 56
    Bewußte Ernährung 56
    Die Meridiane von Magen und Milz . . 56
    Die Aktivierung des Magenmeridians . 58
    Die Aktivierung des Milzmeridians . . . 60

Das Element Metall 61
Geistige und körperliche Übungen,
um das Metall zu veredeln 64
    Klärende Fragen 64
    Atemrhythmus und Persönlichkeit . . . 65
    Die Trauer schätzen 66
    Sich auf das Wesentliche
    konzentrieren 66

Die Meridiane von
Lunge und Dickdarm 67
Die Aktivierung des Lungenmeridians . 68
Die Aktivierung des
Dickdarmmeridians 70

Das Element Wasser 71
Geistige und körperliche Übungen,
um das Wasser zum Fließen zu bringen . 75
   Klärende Fragen 75
   Begegne deiner Angst 75
   Den Mutterleib fühlen 76
   Latihan 76
   Die Meridiane von Blase und Niere . . 77
   Die Aktivierung des Blasenmeridians . 78
   Die Aktivierung des Nierenmeridians . 80

Die vier Zyklen 81
   Der Sheng-Zyklus oder
   Das Gesetz von Mutter und Sohn . . . 81
   Der Ko-Zyklus oder
   Das Gesetz von Großmutter
   und Enkel 84
   Der Zyklus der Auflehnung 90
   Der Zyklus des Entziehens 91
   Die praktische Anwendung
   der Zyklen 93

Nachwort 94
Die Entsprechungen der fünf Elemente . . 97
Literaturhinweise 103
Register 105

Einleitung

Wenn moderne Autoren die Seelenlandschaft unserer Zeit beschreiben, tauchen immer wieder die Schlagworte Entfremdung, Einsamkeit und Isolation auf. Entfremdung des Menschen von der Natur, Entfremdung der Menschen untereinander, Entfremdung des Menschen sich selbst gegenüber.

Die einzelnen Wissensgebiete und die verschiedenen Bereiche unseres Daseins sind heute weitgehend voneinander isoliert. Religion und Politik haben keine gemeinsame Basis mehr. Die Familienstrukturen, in denen drei Generationen ihren Platz fanden, lösen sich auf. Die Philosophie ist eine weltfremde akademische Disziplin geworden – von der ursprünglichen »Liebe zur Weisheit« sind sterile Spitzfindigkeiten übriggeblieben. Viele Lebensfragen, die Naturvölkern und früheren Hochkulturen als wesentlich und vorrangig erschienen, werden in der industrialisierten Welt weitgehend übergangen und wegrationalisiert, zum Teil tabuisiert.

Die Fragen nach dem Sinn von Krankheit, Alter und Tod haben den Buddhismus hervorgebracht – uns aber scheinen sie anzuspornen, möglichst lange jung und unwissend bleiben zu wollen, Krankheit und Tod zu verdrängen. Wir beschäftigen Spezialisten für unsere Gesundheit und unser Wohlergehen, Ärzte, Psychologen und Psychiater, die jenseits ihrer spezifischen Technik meist genauso ratlos sind wie wir selbst.

Diese Aspekte unseres modernen Lebens sind für viele Menschen unbefriedigend – ob sie nun merken, wie wenig Zeit sie haben, um über sich nachzudenken oder mit den Kindern zu sein, oder ob sie wegen einer Krankheit zum Arzt gehen und ein kurzes Gespräch suchen, einen wohlmeinenden Rat – und mit Tabletten und Injektionen abgefertigt werden.

In der Medizin zeichnet sich in den letzten Jahren, mehr als in anderen Lebensbereichen, eine deutliche Wende ab. Immer mehr Menschen beschäftigen sich mit ihrer Gesundheit; sie achten auf ihre Ernährung, wollen körperlich fit sein, sich in ihrem Körper wohlfühlen und suchen zu verstehen, »was sie krank macht«. Vor allem bei chronischen Beschwerden geben sie in vielen Fällen natürlichen Heilverfahren wie Homöopathie, Akupunktur und Handauflegen den Vorzug. Parallel zu dieser Entwicklung findet die psychosomatische Betrachtungsweise von Krankheiten wieder mehr Eingang in die technisch orientierte Medizin.

Eines der Kennzeichen dieser Wende ist, daß der Mensch wieder mehr in seiner Gesamtheit gesehen und behandelt wird; daß Körper, Seele und Geist als eine Einheit gesehen werden, was bedeutet, daß jede körperliche Erkrankung gleichzeitig eine seelische Erkrankung darstellt und daher auch dementsprechend behandelt werden muß.

Ein anderer Aspekt dieser Wende ist, daß viele alte Heilverfahren einen geistigen Hintergrund haben, der uns heute weitgehend fehlt. Es ist da von vielem die Rede, das nur allmählich, wenn überhaupt, mit modernsten physikalischen Methoden nachgewiesen werden kann. Es ist die Rede von Lebensenergie und von Chakren, von Kraftlinien und Kraftplätzen, von Strahlungen und von Energiekörpern, von Karma und Selbstverantwortlichkeit, von Meditation und Trance, von Ekstase und Gott. Die Konfrontation mit »anderen«, ursprünglicheren Lebensanschauungen hat schon manchem eine Tür geöffnet zu einem neuen Selbstverständnis, eine Tür zu seinem Inneren, eine Tür zu seiner Irrationalität.

Der taoistischen Philosophie von Yin und Yang und den fünf Elementen, der dieses Buch gewidmet ist, so wie vielen der alten Heilweisen, liegt eine Form des Denkens zugrunde, die sich vom abendländischen analytischen Denken unterscheidet. Man könnte es ein geistiges Betrachten der Welt nennen, das darauf gerichtet ist, das *Miteinander* der Dinge zu begreifen, die Zusammenhänge und Wechselwirkungen zwischen den einzelnen Phänomenen des Lebens zu erkennen und ihren Sinn zu verstehen. Ein Kennzeichen dieses Denkens ist seine breite Perspektive, die es ermöglicht, die verschiedenen Ebenen von Mensch und Natur – die geistigen, seelischen und materiellen Ebenen – *gleichzeitig* in Betracht zu ziehen und in Harmonie mit den gewonnenen Erkenntnissen zu handeln.

Von diesem Gesichtspunkt aus wurde dieses Buch geschrieben – als Überblick über eine Weltanschauung, in der Mensch und Natur nicht getrennt sind, in der Philosophie und Religion, Psychologie und Medizin, Lebensweisheit und Lebensführung Hand in Hand gehen und in der ein ganzheitliches Verständnis von Mensch und Umwelt, Gesundheit und Krankheit, Körper und Geist existiert.

Die fünf Naturkräfte oder Elemente

In der taoistischen Lehre von den fünf Elementen werden die Zusammenhänge von Naturkräften, Körper und Geist ausführlich beschrieben. In allen Naturerscheinungen einschließlich des Menschen kann die Wirkung der gleichen Kräfte und Gesetze beobachtet werden.

In der abendländischen Kultur werden die Naturgesetze der physikalischen Welt formuliert. Sie beschränken sich auf das mit physikalischen Methoden Meßbare und können auf die Welt der Gefühle und Gedanken, auf die Welt der Phantasie und der Ahnungen nicht angewendet werden. Das hat zu der schon oft beschriebenen Einseitigkeit unserer Kultur geführt: So reich, genau und vielfältig unsere Kenntnis der materiellen Welt ist, so gering und verwirrend spekulativ ist unser Wissen um Gesetzmäßigkeiten der geistigen Welt und psychischer Bereiche. Ein Ausdruck dieser einseitigen Überlegenheit ist, daß wir uns meist gar nicht bewußt sind, in welch engen Grenzen wir denken. Ein »Studium« des *I-Ging*, des Buches der Wandlungen, oder der geistigen Welt tibetischer Lamas, japanischer Zenmeister oder indianischer Schamanen kann uns zeigen, daß es Dimensionen gibt, die über das psychologische und religiöse Wissen der europäischen Kultur weit hinausgehen.

In der alten Hochkultur Chinas wurden die Naturgesetze so formuliert, daß sie die beobachtbaren Phänomene sowohl der materiellen wie auch der geistigen Welt erklärten und einen gesetzmäßigen Zusammenhang zwischen ihnen herzustellen vermochten. Die Trennung in eine stoffliche und eine nichtstoffliche Welt bestand nicht, zumindest nicht in unserem Sinne. In den Menschen der damaligen Zeit war die archaische Auffassung lebendig, daß die Welt ein Zusammenspiel von Geistern und Dämonen, von Kräften und Naturgewalten ist.

Wie in allen wenig technologisch geschützten Kulturen hatten diese Menschen Angst und großen Respekt vor den Naturkräften: vor der dürrebringenden Hitze des Sommers, vor dem Taifun, vor der Flutwelle, vor dem Zorn der Götter im Donner. Es galt, die Schutzgeister anzurufen und die Dämonen günstig zu stimmen. Erde und Feuer und Himmel und Wasser waren Gottheiten, auf deren Zeichen man achten mußte, wollte man überleben.

Die Menschen begannen zu beobachten und Erfahrungen zu sammeln, die von Generation zu Generation weitergegeben wurden. Sie beobachteten die Zyklen des Lebens, den Lauf der Gestirne, den Wetterwechsel und die Himmelsrichtungen; sie beobachteten die Naturphänomene in engem Zusammenhang mit dem Menschen, mit seinen Gefühlen und Denkweisen, mit seinen Träumen und mit seinen Krankheiten.

Aus diesen Beobachtungen kristallisierte sich die Lehre vom Tao heraus, das auch als das Unnennbare bezeichnet wurde, das, aus dem alles geboren wird, und das doch keine Richtung hat, keinen Willen, kein Ziel. Das, was ist. Aus dem Tao entsteht die Polarität: Yin und Yang, Erde und Himmel, Materie und Energie. Aus Yin und Yang wiederum werden die fünf Elemente geboren, die die Welt in ihrem Erscheinungsbild hervorbringen, gestalten, aufrechterhalten und wieder auflösen.

Es ist wichtig zu verstehen, daß sich unser Begriff »Element« nicht mit dem chinesischen deckt. Die Chinesen verstehen unter Element nicht eine materielle Substanz, sondern eine Kraft, eine Eigenschaft des Kosmos. Wie die Übersetzungen zeigen, ist der Begriff der Elemente nicht auf die Naturgewalten beschränkt, sondern bezeichnet allgemein gültige Gesetzmäßigkeiten oder Prinzipien. Bei den Elementen handelt es sich um Wandlungsphasen der vielfältigen Erscheinungen, um die Beschreibung von immer wiederkehrenden energetischen Zuständen, die den Erkenntnissen der modernen Physik, insbesondere ihrer Feldidee, der Quantenmechanik und der Heisenbergschen Unschärferelation in erstaunlicher Weise entsprechen. Wissenschaftler wie Niels Bohr und Fritjof Capra haben diesen Zusammenhang erkannt und aufgezeigt.

Nach chinesischer Anschauung treten die fünf Elemente in allen Erscheinungen des Kosmos zutage: in den Himmelsrichtungen, in den Jahreszeiten, im Klima, in den Sternen, in den Pflanzen und Tieren, in den Gesteinsschichten, im Menschen. Die einzelnen Sinne, Organe und Gewebe der Lebewesen werden Elementen zugeordnet, ebenso Gefühle und geistige Fähigkeiten. Die Elemente sind Kräfte, die einander das Gleichgewicht halten, sie erzeugen sich gegenseitig, wandeln sich ineinander um und dämmen sich gegenseitig ein. Wenn die Kraftverhältnisse der Elemente ungleich sind, dann äußert sich das beim Menschen in Unbehagen und Krankheit, bei einem Volk in Schwäche, Ungerechtigkeit und Krieg. Wenn die Elemente in einem Menschen, genauso wie in einem Volk oder Landstrich, gleich stark sind und im Gleichgewicht, findet man Harmonie und Gesundheit, Anmut und Schönheit.

Das Element Holz

Die Kraft des Holzes tritt am Morgen und im Osten zutage, in der Geburt und in jedem Neubeginn, im frischen Wind und im Frühling. Das Holz ist das erste Element des Zyklus. Es wird das junge Yang genannt. Im menschlichen Organismus manifestiert es sich in Leber und Gallenblase, in den Muskeln und Sehnen, in den Augen und den Tränen. Im emotionalen Bereich bringt das Holz die Wut hervor, den Ärger und die Reizbarkeit; im Geist die Lust an Bewegung und Wachstum, das Planen und Entscheiden, den Unternehmungssinn und Entdeckergeist. Die dem Holz zugeordnete Farbe ist Grün.

Der Schlüssel zum Verständnis dieses Elementes ist der Baum. Er ist in der Erde verwurzelt, oft ebenso tief wie seine Äste in den Himmel ragen. Durch die Wurzeln nimmt er Wasser und Mineralien zu seiner Ernährung auf. Er wächst zum Himmel hinauf, und seine Äste breiten sich in alle Richtungen aus. Von jeher hat er für die Menschen das Wachstum versinnbildlicht, das Sichausbreiten in alle Richtungen, nach oben und nach unten, nach Osten und Westen, nach Norden und Süden. Von jeher war er ein Symbol der expansiven Kraft. Im Herbst und im Winter zieht er sich in sich selbst zurück und sammelt Kräfte für einen neuen Frühling und Sommer, für einen neuen Jahresring.

Bei den Essenern, einer religiösen Gemeinschaft im alten Palästina, wurde der Mensch symbolisch im Mittelpunkt des Lebensbaumes dargestellt. In ihm stand er, durch Kraftlinien verbunden wie in einem magnetischen Feld, zu allen Kräften des Himmels und der Erde in Bezug. Er wurde im Meditationssitz gesehen, die obere Hälfte seines Körpers als Äste und Zweige über der Erde, die untere Hälfte als Wurzel in ihr. Auch die Lage der physischen Organe wurden in diese Darstellung einbezogen. Die Verdauungs-, Ausscheidungs- und Fortpflanzungsorgane liegen in der unteren Hälfte des Körpers. Sie sind sein irdischer Teil. Die Lungen, das Herz und das Gehirn befinden sich in der oberen Hälfte und verbinden den Menschen mit den Kräften des Himmels. Leber und Gallenblase aber, die Organe des Holzes, liegen in der Körpermitte und verbinden Oben und Unten.

Auch für die Assyrer des Alten Testaments hatte die Leber eine besondere Bedeutung. Ihr Alltagsgruß lautete: »Möge deine Leber gesund sein!«

In der chinesischen Tradition wird die Leber als das Haus des *Hun*, das Haus der Seele, angesehen. Diese Beispiele veranschaulichen, daß der Mensch in vielen verschiedenen Kulturen als eine untrennbare Einheit gesehen wurde. Jedes seiner Organe hat neben seiner physi-

15

schen eine geistige und seelische Funktion. Seele und Geist sind nicht nur im Gehirn angesiedelt, sondern in jeder Körperzelle und im gesamten Schwingungsfeld des Organismus. Die inneren Organe werden in der chinesischen Medizin auch mehr als geistig-seelisch-physische Funktionseinheiten aufgefaßt denn als anatomische Form und physiologische Funktion. Wichtig ist, welchen Beitrag ein Organ zur Gesamtpersönlichkeit des Menschen leistet und welche Wechselwirkung es mit anderen Organen hat.

Dem Element Holz wird als Yin-Organ die Leber zugeordnet. Sie verkörpert die Yin-Energie des Holzes, die Fähigkeit, das Leben zu planen und zu sehen, sowohl im physischen wie im geistigen Sinn. Sie verkörpert die Vorstellungskraft, die kreative Kraft in uns, die unser Wachstum bewirkt. Sie ist der Erfinder, der Entdecker. Sie sieht die Zusammenhänge und den Sinn des Lebens. Sie entwickelt die Vision, den Plan. Jeder neue Plan, den wir fassen, jedes neue Konzept erweitert unsere Grenzen. Wir wagen uns ins Risiko, ins Unbekannte vor. Wir wachsen.

Wenn das Element Holz in einem Menschen gesund ist, beginnt er irgendwann in seiner Entwicklung zu sehen, daß die Natur selbst einen unermeßlichen Plan verkörpert, einen großen Zusammenhang, in dem alles seinen Platz hat und eine Rolle spielt und jedes noch so unbedeutend wirkende Geschehen zum Muster der Ereignisse beiträgt. Dieser kosmische Plan übersteigt unser Vorstellungsvermögen meist in einem solchen Ausmaß, das wir, oft erst lange nachdem ein Ereignis stattgefunden hat, wahrnehmen können, daß die Kette der Zufälligkeiten einen inneren Sinn und Zusammenhang

hat. Solange wir diesen inneren Sinn erkennen, wachsen wir in die Welt hinein, indem wir uns mit ihr verbinden, verbünden, verflechten. Wir wachsen zusammen mit der Umwelt – nicht gegen sie und auf ihre Kosten.

Das Yang-Organ des Holzes ist die Gallenblase. Sie verkörpert die Yang-Energie dieses Elementes: die Fähigkeit, Entscheidungen zu treffen und uns mit unseren Bedürfnissen in der Außenwelt durchzusetzen. Man kann die Leber mit einem Architekten vergleichen, der den Plan für ein Haus entwirft, und die Gallenblase mit dem Baumeister, der die vielen Entscheidungen und Anordnungen trifft, die nötig sind, um das Haus Wirklichkeit werden zu lassen. Die Funktionen beider Organe hängen eng zusammen. Ohne ein umfassendes Konzept sind die Entscheidungen des Alltags zusammenhanglos und wenig sinnvoll. Gleichermaßen sind die schönsten Pläne und Projekte wertlos, wenn sie nicht durchgeführt werden können.

Wenn allerdings Planung und Organisation zu trockener und bürokratischer Routine werden, führt diese Art von Planung nicht zu organischem Wachstum, sondern bringt oft mehr Schaden als Nutzen. In der Sprache der fünf Elemente bezeichnet man eine starre Planung als trockenes Holz, das schon bei geringem Druck von außen splittert und bricht, da es nicht nachgeben kann. Holz muß biegsam sein und voll mit Saft, damit echtes Wachstum möglich ist.

Um einen Plan ausführen zu können, müssen wir Schritte zu seiner Durchsetzung unternehmen. Wir müssen »aus uns herausgehen« und uns holen, was wir zum Leben brauchen. Von daher wird verständlich, daß dem Holz die Bewegung, die Muskeln und die Sehnen zugeordnet sind.

Wenn es ein starkes Hindernis für unser Wachstum gibt, wenn wir uns in unserem Lebensraum nicht genügend ausbreiten können, fühlen wir uns frustriert. Diese Frustration unserer Lebenskraft führt zu Aggression. In der chinesischen Tradition werden dementsprechend dem Holz der Zorn, die Wut und die Reizbarkeit zugeordnet. Das cholerische Temperament entsteht, wenn das Element Holz in einem Menschen überwiegt. Zorn und Wut werden in Zusammenhang gesehen mit eingeschränktem Wachstum, mit einer Unfähigkeit, sich auszudrücken und frei bewegen zu können, oder auch mit Schwierigkeiten, Probleme klar sehen zu können. Zorn, Wut und Reizbarkeit werden unterschieden und verschieden bewertet.

Man sagt im Volksmund, jemand habe eine Wut im Bauch. In vielen Fällen meint man damit eine starke, oft unterschwellige und nicht genau definierte Form der Aggression, die sich bei geringfügigem Anlaß entladen kann. Die Wut ist auch dadurch charakterisiert, daß sie wenig Möglichkeit findet, sich durch Sprache, Gestik oder Handlungen auszudrücken. Vielen Menschen mit dauernder Wut im Bauch fehlt die Fähigkeit, Konflikte in sich selbst zu erkennen und anderen gegenüber formulieren zu können. Diese Menschen haben in ihrer Kindheit meist nicht gelernt, ihre Bedürfnisse so zu äußern, daß sie befriedigt wurden, – und ihre Wut staut sich jahrelang an. Da sie oft nicht imstande sind, ihr Problem klar zu sehen, spricht man auch von »blinder Wut«. Diese Wut führt häufig zu destruktivem Verhalten.

Im Gegensatz zur Wut steht der Zorn. Der Zorn wird von den meisten Menschen in der oberen Körperhälfte empfunden. Er kann sich artikulieren, er kann sich Luft machen. Der Zorn ist gerichtet, gezielter als die eher unbestimmte Wut. Er ist die Aggression eines Menschen, der imstande ist, den eigenen Unmut gezielt auszudrücken.

Der Zorn ist eine Emotion, die uns hilft, Hindernisse aus dem Weg zu räumen und uns durchzusetzen. In Situationen, in denen der Grund des Zornes gerechtfertigt erscheint, spricht man auch von »heiligem Zorn«. Ein bekanntes Beispiel ist die Szene im Alten Testament, in der Moses nach seiner Vision des unsichtbaren, namenlosen Gottes vom Berge Sinai herabsteigt und das Volk Israel vorfindet, wie es um das Goldene Kalb herumtanzt und einen Götzen anbetet. Da ergriff ihn heiliger Zorn.

Reizbarkeit und Irritation werden ebenfalls in der oberen Körperhälfte empfunden. Sie sind Anzeichen eines tieferen seelischen Prozesses, der sich nach oben hin in kleineren Entladungen Luft macht. In der Sprache der fünf Elemente bezeichnet man sie als nicht gesammeltes Holz.

Zorn und Wut werden in der chinesischen Anschauung als ein Ausdruck der Yang-Energie des Holzes betrachtet. Ein cholerisches Temperament, chronische Reizbarkeit oder unangemessene Wutausbrüche weisen auf eine Überfunktion der Gallenblase hin, die sich körperlich auch als heftige Migräne im Bereich der Schläfen- und Scheitelgegend äußern kann. Eine länger bestehende Überfunktion oder eine Wut, die sich überhaupt nicht äußern kann, führen häufig zu Gallensteinleiden.

Bei einem Mangel an Yang-Energie im Holz kommt es zu kalter, zurückgehaltener Wut, zu Sarkasmus, Ironie und Zynismus, zu Bitterkeit und allgemein zu der Unfähigkeit, zornig zu werden. Er äußert sich in Apathie, Trägheit, Resignation und Depression. In diesen Fällen besteht ein Übermaß von Yin-Energie im Holz, entweder durch ein Übermaß von Yin in der Leber oder durch einen Mangel an Yang in der Gallenblase. Die tiefe Bitterkeit von Menschen, die vom Leben schwer enttäuscht wurden, ist das Resultat von jahrelanger Frustration, von ständigen Hindernissen bei ihrer Selbstverwirklichung. Sie zeigt ein schon lange bestehendes Ungleichgewicht im Holz an. Ironie, Sarkasmus und Zynismus findet man bei Menschen, die oft schon in früher Kindheit die Fähigkeit des natürlichen Herangehens an andere Menschen verloren haben. Oft sind sie das Ergebnis einer strengen, intellektuell oder puritanisch ausgerichteten Erziehung, bei der Gefühlsäußerungen und körperlicher Kontakt tabuisiert wurden.

Apathie, Interesselosigkeit und Depression zeigen an, daß der Mensch es aufgegeben hat, Pläne zu schmieden und seine eigenen Ziele zu verfolgen. Diese Haltung entsteht aus vielen Erfahrungen des Scheiterns, des nicht selbständig handeln Könnens, des sich nicht durchsetzen Könnens, der Mensch gibt auf. Man findet in diesen Fällen oft Alkoholismus und Tablettensucht – den Mißbrauch von leberschädigenden Drogen. Die Leber ist das Haus der Seele, und die Seele ist stumpf geworden. Der Alkohol dient dazu, diesen Zustand aufrechtzuerhalten und keine neuen Hoffnungen aufkommen zu lassen, die das erworbene düstere Weltbild in Frage stellen würden.

Depression und Resignation haben ihre Wurzel oft in einer Störung des Holzes, die sich dann über den Lebermeridian in die Lunge ausbreitet und zu einer flachen Atmung, einem eingesunkenen Brustkorb und vorgezogenen Schultern führt.

Die kalte, weiße Wut (man kann weiß oder auch grün sein vor Wut) siedet unter einer erstarrten Oberfläche. Wenn sie durchbricht, kann sie lebensgefährlich werden. So kommt es immer wieder vor, daß brave, angepaßte Familienväter sich und manchmal auch ihre Familie in einem Anfall von Verzweiflung töten. Kann die Wut über Jahre überhaupt nicht mehr durchbrechen, richtet sich die Aggression gegen den eigenen Körper, häufig in der Form von Gicht und rheumatischen Erkrankungen wie der chronischen Polyarthritis – Erkrankungen, bei denen Gelenk- und Muskelschmerzen im Vordergrund stehen und die zu einer zunehmenden Einschränkung der Beweglichkeit führen.

Immer verbreiteter und vielfältiger werden auch die sogenannten Autoimmunerkrankungen, die dadurch entstehen, daß der Körper Abwehrstoffe gegen eigenes Gewebe produziert. Sie werden treffend auch als Autoaggressionserkrankungen bezeichnet. Diese Krankheiten entwickeln sich über Jahre und Jahrzehnte, sie verlaufen chronisch und können von der westlichen Medizin symptomatisch behandelt und eventuell zum Stillstand gebracht, aber nicht geheilt werden. Charakteristisch für viele dieser Erkrankungen ist, daß sie weitaus häufiger bei Frauen auftreten. Frauen haben auch viel weniger kulturellen Spielraum als Männer, wenn es darum geht, sich durchzusetzen oder seinem Zorn Luft zu machen.

Innerhalb der Lehre von den fünf Elementen wird Aggression nicht mit destruktivem Verhalten gleichgesetzt, sondern als grundsätzlicher Lebensimpuls verstanden – als die Kraft des Holzes. Das Wort Aggression kommt vom lateinischen Verb *aggredi*, das »herangehen« bedeutet, an eine Sache, an jemanden herangehen. Wird dieses Herangehen, dieses aus sich Herausgehen in seinem natürlichen Ausdruck behindert und eingeschränkt, kommt es zum Stau, zu einer angespannten und verhärteten Muskulatur. Diese Muskelverspannungen befinden sich vor allem im Nacken und Rücken, an Schultern und Armen. Gestaute Aggression ist eine der Hauptursachen für Nacken- und Rückenschmerzen.

Das Wachstum des Holzes erfolgt in alle Richtungen. Es wächst, wenn es kann, nicht einseitig und asymmetrisch. Koordination und Symmetrie sind wesentliche Kennzeichen dieses Elements in der Natur wie im Leben der Menschen. Fast alle Krankheiten, deren Symptome nur in einer Körperhälfte auftreten, oder solche, die durch mangelnde Koordination der Organe, Hormondrüsen und Muskelbewegungen gekennzeichnet sind, gehen auf eine Störung des Holzelements zurück. Häufig kann man ein Ungleichgewicht im Holz auch an einem asymmetrischen Gesicht oder Körperbau erkennen und an stark unterschiedlicher Sehkraft der Augen.

Da das Holz die Zyklen des Wachstums regiert, bewirkt es im Ungleichgewicht Störungen dieser Zyklen, zum Beispiel Wachstumsstörungen in der Kindheit und Jugend, unregelmäßige oder schmerzhafte Menstruation, Frühgeburten und Krebs. Weitere körperliche Folgeerscheinungen eines Ungleichgewichtes im Holz sind Augenerkrankungen und Sehfehler, wie zum Beispiel Kurzsichtigkeit und Astigmatismus (Altersweitsichtigkeit hingegen ist ein physiologischer Vorgang, der dem Erschlaffen des Holzes in späteren Lebensjahren entspricht). Kopf-

schmerzen hinter den Augen und in der Schläfen- und Scheitelgegend und – was heute immer mehr an Bedeutung gewinnt – Bluthochdruck.

Im psychischen Bereich drückt sich ein Ungleichgewicht im Holz, zusätzlich zu den oben angeführten Störungen, in verschiedenen Geisteskrankheiten aus, insbesondere in Schizophrenie und manchen Formen der Epilepsie. Die Ursache dafür wird erkennbar, wenn man bedenkt, daß die Schizophrenie der krasseste Ausdruck einer Persönlichkeitsspaltung ist und daß ein wesentliches Charakteristikum des Holzelements die Koordination der verschiedenen geistigen, seelischen und körperlichen Funktionen untereinander ist, vor allem die Koordination von rechter und linker Gehirnhemisphäre. In weniger augenfälligem Maße findet man heute bei vielen Menschen in unserer Kultur eine mangelnde Übereinstimmung der rechten und linken Hemisphäre, die sich sowohl in dem erwähnten asymmetrischen Körperbau zeigen kann als auch in den Schwierigkeiten vieler Menschen, Denken, Logik und Rationalität mit Intuition, Phantasie, Kreativität und Gefühl in Einklang zu bringen.

Bei der Epilepsie handelt es sich um einen komplexen Vorgang, an dessen Zustandekommen mehrere Elemente beteiligt sind. Meist ist dabei die Feuer-Wasser-Achse gestört. (Das Wasser kann das Feuer nicht löschen; siehe das Kapitel über die Zyklen Seite 81.) Der Anteil des Holzes liegt sowohl in der äußeren Erscheinungsform dieser Krankheit – das Grand Mal ist einem übersteigerten Tobsuchtsanfall nicht unähnlich – als auch in einem tiefen seelischen Geschehen, welches vielleicht nur auf der schamanischen Ebene der Wirklickeit voll verstanden werden kann. Ich möchte in diesem Zusammenhang darauf hinweisen, daß viele Seher und Propheten, man denke an Moses, Epileptiker waren oder zumindest in ihren Trancezuständen ähnliche Symptome zeigten. Viele Urvölker sehen die Epilepsie als heilige Krankheit an, die es der Seele ermöglicht, in eine jenseitige Dimension einzutreten.

Wie aus der Aufzählung der mit dem Holz verbundenen Krankheiten und Störungen hervorgeht, kommt diesem Element bei der Diagnose und Therapie sowie zum besseren Verständnis einiger sogenannter Zivilisationskrankheiten eine große Bedeutung zu. Vor allem die immer häufiger werdenden Autoaggressionserkrankungen (bei denen neben dem Holz auch das Element Erde eine wichtige Rolle spielt), Polyarthritis (Arthritis wird in der chinesischen Tradition mit dem Knarren eines alten Baumes im Wind verglichen), Migräne, Menstruationsstörungen und Geisteskrankheiten wie die Schizophrenie – um nur einige Beispiele herauszugreifen – sind in ihren Erklärungsmodellen von der europäischen Medizin bisher nicht voll erfaßt worden. Höchstwahrscheinlich sind sie mit einer vorwiegend materiell orientierten Weltsicht auch nicht voll erfaßbar, denn die Ursachen liegen meist im geistigen und seelischen Bereich – oft schwächen diese »Ursachen« ein Organ soweit, daß sich dann eine Infektion oder eine andere Erkrankung entwickeln kann.

Bei Störungen im Holz kann die Behandlung schwierig sein, da Holz das Element der Hypochonder ist. Das wird verständlich, wenn man bedenkt, daß Verwirrung und Unordnung herrschen, wenn Pläne und Entscheidungen fehlen. In einem solchen Falle tauchen Symptome auf und verschwinden wieder, oder sie scheinen willkürlich von einem Körperteil zum anderen zu wandern. Ebenso sind Schwächezustände und verschiedene Krankheitssymptome, die immer wiederkehrend zur Zeit des Frühlings auftreten, ein Hinweis auf ein krankes Holz, da der Frühling die Zeit der größten Kraftentfaltung des Holzelementes ist.

Wenn das Holz im Gleichgewicht ist, wird der Frühling neue Ziele, neue Ambitionen und Interessen, eine frische Vitalität mit sich bringen. Wenn das Holz dagegen krank ist, wird der Frühling eine Zeit der Frustration, Frühjahrsmüdigkeit und Depression sein. Die Statistiken zeigen, daß die Zahl der Selbstmorde im Frühjahr steigt. Mit der traditionellen Behandlung nach der Fünf-Elementen-Lehre ist es möglich, die Balance wiederherzustellen, so daß neues Wachstum gefördert wird und die frische Energie, die der Frühling dem Holz bringt, sich fortsetzen kann in die Wärme des Sommers, die Reifezeit des Nachsommers, die Erntezeit des Herbstes und die Ruhephase im Winter, in der neue Pläne zu keimen beginnen als Vorbereitung auf einen neuen Zyklus des Wachstums.

Ebenso wie man das Wirken der fünf Elemente in körperlichen, seelischen und geistigen Bereichen des Menschen aufspüren kann, findet man ihre Wirkung im zwischenmenschlichen Bereich und in den verschiedenen Kultur- und Gesellschaftsstrukturen. Bei näherer und weiterer Betrachtung zeigt sich auch, daß Kulturen, Nationen und Gesellschaftsformen eine dem menschlichen Organismus weitgehend analoge Struktur bilden. Einige Urvölker sehen unsere Erde als einen riesengroßen Organismus und die Menschheit als sein Zentralnervensystem. Aus diesen Analogien wird deutlich, wie leicht der

Ausfall oder die Vernichtung eines Teiles dieses gigantischen Zentralnervensystems – wie bei einer Gehirnblutung – das Wohlergehen des Gesamtorganismus verschlechtern und vielleicht sogar sein Überleben in Frage stellen kann.

In Europa, Nordamerika und Japan liegt das vielleicht folgenschwerste Ungleichgewicht der Elemente im Holz. In diesen hochindustrialisierten Ländern besteht eine gespaltene Beziehung zu diesem Element. Die Spaltung liegt, in der Sprache der Elemente ausgedrückt, in einem sehr starken, selbstbewußten Holz-Yang, dem ein schwaches, unterernährtes, verwirrtes Holz-Yin gegenübersteht. Einerseits expandieren diese Länder seit langem gewaltig auf vielen Gebieten, technologisch, militärisch und missionarisch. Weltanschaulich haben sie sich anderen Völkern gegenüber durchgesetzt. Viele Erfindungen, Entdeckungen und wissenschaftlicher Fortschritt mit hochentwickelten Technologien gehen auf sie zurück. Andererseits fallen in ihren Städten die zunehmende Sinnlosigkeit und grundsätzliche Unsicherheit auf, die viele Menschen als Lebensgrundgefühl begleiten. Bei der Frage nach neuen Zielsetzungen und Visionen, die sich vor allem im Zusammenhang mit der globalen Ökologiediskussion, dem Waldsterben und der Atomwaffendebatte stellt, fällt eine tiefgehende Verwirrung und Richtungslosigkeit auf. Viele Maßnahmen werden ergriffen, viele Resolutionen verabschiedet. Sie können aber nicht darüber hinwegtäuschen, daß sie Entscheidungen von Baumeistern sind, die zwar Detaillösungen anbieten, jedoch den großen Zusammenhang nicht sehen oder wahrhaben wollen.

Es gibt viel Kommunikation und Information, aber wenig Vision. Es wird viel gesprochen und gesendet, aber wenig reiflich überlegt. Die Fähigkeit, Visionen zu haben und große Zusammenhänge zu erkennen, wird nicht mehr geachtet und daher auch nicht entwickelt. Die Visionäre kommen nicht mehr zu Wort. Man bringt ihnen Mißtrauen entgegen. Große Visionäre – Sokrates und Christus – wurden vergiftet und gekreuzigt. Andere wurden verleumdet, verschwiegen, mißverstanden, ins Gefängnis gesteckt, mundtot gemacht oder getötet. Es gibt zahlreiche Beispiele: Hexen und Weise des Mittelalters, Paracelsus und Mesmer, Büchner, Nietzsche, Sigmund Freud und Wilhelm Reich, Gandhi und Martin Luther King, um nur einige wenige Namen zu nennen. In anderen Kulturen wurde den Sehern und Propheten ein gewisses Maß an außergewöhnlichem Verhalten zugebilligt. Es wurde ihnen das Recht zugestanden, tiefgehende Kritik selbst an den Herrschaftsstrukturen zu üben – das war noch den Hofnarren an den mittelalterlichen Höfen gestattet –, in unserer Welt dagegen ist es verpönt, ein Narr wie ein Weiser zu sein.

Die Vision ist die Kraft des Holzes. Und bevor eine neue Vision Gestalt annehmen kann, herrschen oft Verwirrung, Auflösung und Chaos. Insofern achteten die Alten die Weisheit des Narren und ertrugen seine Launen.

Eine weitere Spaltung im Holzelement zeigt sich in unserer Einstellung zur Aggression. Einerseits wird Aggression von der christlichen Lehre als schlecht und böse bezeichnet. Im zwischenmenschlichen Bereich wird ein lautes Wort oder eine heftige Geste häufig negativ bewertet. Der Ausdruck natürlicher, spielerischer Aggressivität wird oft schon im Kleinkindalter eingeschränkt und unterdrückt. Andererseits gehört die abendländische Kultur zu den aggressivsten, die es je gab. Sie »hat sich die Erde untertan gemacht«. Das Ausmaß an Zerstörung, das von dieser Kultur ausgegangen ist, braucht hier nicht ausgeführt zu werden. Die Unterdrückung von Aggression im zwischenmenschlichen Bereich hat zu einem gewaltigen Stau geführt, der sich dann immer wieder auf kultureller und nationaler Ebene entlud, entladen mußte. Und so finden wir uns in der paradoxen Situation, daß die jeweiligen Führer und Sprecher der industrialisierten Welt von Frieden und Sicherheit reden und daß Vernichtung dabei herauskommt. Sie bringen anderen Kulturen den Fortschritt – und zerstören sie. Auch die meisten wissenschaftlichen Theorien der Aggression zeichnen sich durch die allgemeine kulturelle Blindheit für dieses Phänomen aus. Die Aggression ist unser »blinder Fleck«. Wie anders wäre es zu erklären, daß es heute noch wissenschaftliche Tagungen und Publikationen gibt, die sich mit der Frage beschäftigen, ob Aggression vererbt oder erlernt ist? Aggression wird in der orthodoxen Psychotherapie noch immer weitgehend und zumindest unterschwellig als pathologisch und destruktiv gewertet, als etwas, das wegtherapiert und »transformiert« werden sollte.

Eine andere gängige Ansicht, Aggression sollte durch Liebe und besseres Verstehen »bewältigt« werden, führt ebenfalls zu unnatürlichen Verhaltensmustern, in denen ursprüngliche Gefühle nicht ausgedrückt werden können. Das Resultat dieser Bewältigung ist meist Scheinheiligkeit und eine subtile Kastration der schöpferischen und selbständigen Impulse des Menschen.

Eine weitere Ursache für die negative Besetzung von Aggression liegt in ihrer engen Verbindung zur Sexualität. Wie aus den Untersuchungen von Anthropologen und Forschern wie Margaret Mead und Wilhelm Reich hervorgeht, geht ein gehemmtes Aggressionsverhalten mit einem gehemmten Sexualverhalten Hand in Hand, oder, positiv formuliert, ein lebhaftes Aggressionsverhalten bedingt ein lebhaftes Sexualverhalten und umgekehrt. Dieser Zusammenhang wird auch aus der Bildersprache der Chinesen verständlich: Holz ist seinem Wesen nach eine sanft fließende, ununterbrochene, ungehemmte Ausdehnung. Wenn du jemanden liebst, körperlich, seelisch oder geistig, dringst du in seinen Raum ein. Du breitest dich in seinem Raum aus. Du wächst. Wenn du einen anderen umarmst, wird der Raum größer, in dem du bist. Dieses einfache Phänomen der sanften Ausdehnung und Verbundenheit mit anderen, mit einem größeren Raum als du selbst bist, ist Liebe und gehört in der chinesischen Tradition zum Element Holz.

Die Gespaltenheit der abendländischen Kultur im Holz zeigt sich auch hier. Einerseits wird die Liebe zum höchsten Wert gemacht und mystifiziert, andererseits wird sie entkörperlicht und eingeschränkt. Ihre Ausdrucksmöglichkeiten sind an vielfältige Bedingungen geknüpft und in strenge Rituale gekleidet. Die Blumenkinder wurden von der Polizei verfolgt und zerstreut. »Make love, not war!« galt als sittenwidrige Provokation.

Interessant ist in diesem Zusammenhang, daß der Begriff Liebe in den alten chinesischen Texten kaum vorkommt. Im *I-Ging*, dem Buch der Wandlungen, gibt es kein Hexagramm, das unserer Idee von Liebe entspricht. Es gibt den Frieden, das Empfangende, das Schöpferische, das Erregende, das Sanfte, das Heitere, das Entgegenkommen, aber unser Konzept von Liebe gibt es nicht. Erst in den späteren Kommentaren zum *I-Ging* findet man diesen Begriff.

Im *Da Dschuan*, der Großen Abhandlung, steht: »Indem der Mensch dadurch dem Himmel und der Erde ähnlich wird, kommt er nicht in Widerspruch mit ihnen. Seine Weisheit umfaßt alle Dinge, und sein SINN ordnet die ganze Welt. Darum macht er keine Fehler. Er wirkt allenthalben, aber er läßt sich nirgends hinreißen. Er freut sich des Himmels und kennt das Schicksal. Darum ist er frei von Sorgen. Er ist zufrieden mit seiner Lage und ist echt in seiner Güte. Darum vermag er Liebe zu üben.«

Geistige und körperliche Übungen, um das Holz zum Wachsen zu bringen

Wahrscheinlich sind dir schon beim Lesen dieses Kapitels einige Tatsachen und Zusammenhänge bewußt geworden, die dein eigenes Leben betreffen. Vielleicht hast du dich auch gefragt, welchen Einfluß dieses Wissen auf deine Gesundheit, deine Lebensfreude oder deine Weltanschauung haben kann.

Es macht einen großen Unterschied, ob du ein Buch oder einen Artikel über die Kunst des Laufens und seine positiven Auswirkungen auf die Gesundheit liest – und dann Zeit und Energie aufbringst, das Laufen an dir selbst zu erfahren, oder ob du es beim Lesen bewenden läßt und dir die Theorie genügt. Um dir einen prakti-

schen Zugang zu den Elementen zu ermöglichen, der über das intellektuelle Erfassen dieser Zusammenhänge hinausgeht, habe ich einige Anleitungen und Übungen zusammengestellt, mit deren Hilfe du deine eigenen Erfahrungen mit den Elementen machen kannst. Du kannst dabei Dinge begreifen, spüren, riechen, schmecken und sehen, die dir Papier und Drukkerschwärze nicht vermitteln können. Diese Erfahrungen sind dann in deinem Körper, in deinen Gefühlen und Bewegungen verankert; sie sind dann in deinem Selbst integriert.

Klärende Fragen

Nimm dir mindestens eine halbe Stunde Zeit, um folgende Fragen in aller Ruhe zu beantworten. Mach es dir bequem. Lies eine Frage, dann schließ die Augen und laß die Frage in dich einsinken. Sehr oft hat unser Wachbewußtsein schnelle Antworten bereit, die nur ein Teil der Wahrheit sind. Achte auf die allererste Eingebung – und auf paradoxe Antworten, die scheinbar nicht ins Bild passen.

Die Fragen in diesem Kapitel betreffen dein Element Holz. Finde heraus, in welchen Punkten du von der Darstellung des »gesunden Holzes« stark abweichst. Kennzeichen wären zum Beispiel: Sehfehler, windiges Wetter »nicht aushalten können«, nie direkt zornig werden.

Das Leben ist ein Gleichgewichtszustand zwischen Ungleichgewichten. Kleinere Abweichungen von der Norm sind die Norm eines lebendigen Lebens. Wir pendeln in allen Bereichen unserer Existenz zwischen zwei Polen hin und her. Wenn wir längere Zeit hindurch an einem Pol kleben – an Yin oder Yang – und den anderen

Pol nicht leben, wird dieses Ungleichgewicht unser Wachsen und Reifen einschränken und unserer körperlichen und geistigen Gesundheit schaden. Beispiele für gegensätzliche Pole sind: Wachen – Schlafen, Entspannung – Handeln / Spannung, Zorn – Sanftmut.

Benutze diese Fragen, um deine Pole kennenzulernen und um ein Ungleichgewicht zu entdecken. Du sitzt dann an einem Pol fest, wenn du ausschließlich bist, wenn du das Gegenteil nicht zuläßt, wenn du nie zornig wirst oder wenn du in bestimmten Situationen immer zornig wirst, wenn du Wind nicht ausstehen kannst oder wenn du ihn heiß liebst. Falls dir ein Ungleichgewicht oder eine Störung in deinem Holzelement auffällt, können die folgenden Übungen ein Schritt sein, um deine Balance zurückzugewinnen.

Die Fragen

– Wie gut ist meine Sehkraft?
– Wie fühle ich mich bei windigem Wetter?
– Wie fühle ich mich am Morgen / im Frühling?
– Habe ich eine besondere Vorliebe für / eine besondere Abneigung gegen saure Speisen oder Getränke?
– Sind meine Leber und Gallenblase gesund, oder hatte ich Gelbsucht / Gallensteine / eine Gallenkolik?
– Erkrankungen von Muskeln und Sehnen: eine schwache Muskulatur, häufige Zerrungen, Sehnenscheidenentzündung?
– Macht es mir Freude, mich zu bewegen? Treibe ich Sport?
– Wie drücke ich Zorn und Frustration aus?
– Bin ich in einem Konflikt manchmal wie gelähmt, lasse mir aber nichts anmerken und werde erst im nachhinein ärgerlich?
– Wie oft schlucke ich den Ärger, anstatt zu explodieren?
– Bin ich häufig ironisch / zynisch / bitter?
– Bin ich oft reizbar und launisch?
– Kann ich meine Ziele und Absichten meist verwirklichen?
– Habe ich ein Bild davon, wie ich leben möchte, und stimmt die Realität meines Lebens in etwa mit diesem Bild überein?
– Wie gehe ich an eine neue Situation heran?

Die Zukunftsvision

Verbringe einen Abend allein für dich. Nimm ein Bad und zieh dir leichte, bequeme Kleidung an. Falls du zu Hause nicht ungestört sein kannst, suche dir einen stillen Ort, an dem du dich entspannen kannst.

Lege dich auf den Rücken, schließe die Augen und atme etwa eine Minute lang tief und regelmäßig wie ein Kind im Schlaf. Dann träume dich in das Wunschbild hinein, das du von deinem Leben in dir trägst. Male dir in verschiedenen Einzelheiten aus, wie du gerne leben würdest. Träume dich in eine Welt hinein, in der es für dich keine Einschränkungen und Grenzen gibt. Wenn eine gute Fee dir bei der Verwirklichung deiner Wünsche helfen würde, welche Arbeit, welchen Beruf hättest du dann? Mit welchem Partner würdest du leben? Wieviel Zeit hättest du für dich und deine persönlichen Interessen? Wie ist deine Beziehung zu anderen Menschen?

Laß dich in dieser Phase des Träumens nicht von kritischen und negativen Betrachtungsweisen stören. Beachte den Zweifler, den Resignierten und den Zyniker in dir nicht. Jeder Gedanke kann Wirklichkeit werden, aber du mußt ihm Zeit geben, Wurzeln zu fassen und sich zu entfalten.

Die günstigste Zeit für eine Zukunftsvision ist im Februar und im März. Du kannst diese Übung aber auch zu anderen Zeiten machen, besonders vor wichtigen Entscheidungen. Eine Vision gewinnt an Kraft, wenn du sie in deinem Tagebuch festhältst und wenn du sie dir oft in plastischen Einzelheiten ausmalst.

Der unausgedrückte Ärger

Wenn du Schwierigkeiten hast, deinem Ärger in Gegenwart anderer Menschen Luft zu machen, versuche es mit folgender Übung:

Zieh dich in ein Zimmer zurück oder such dir einen Platz unter freiem Himmel, an dem du ungestört bist. Stell dir eine konkrete Situation vor, in der du es nicht gewagt hast, deinem Unmut freien Lauf zu lassen. Stell den Menschen, mit dem du in Konflikt warst, symbolisch durch ein Kissen dar. Äußere spontan deine Meinung, so als stünde dieser Mensch direkt vor dir. Erlaube dir, heftig zu sein, die Stimme zu erheben, zu brüllen, zu toben und handgreiflich zu werden. Übertreibe ein bißchen, und steigere dich in die Situation hinein.

Der Ärger im Alltag

Übe ein paar Tage lang aggressives Verhalten. Provoziere Situationen, die deinen Ärger erregen, und suche Begegnungen mit Menschen, von denen du weißt, daß sie dich auf die Palme bringen können. Drücke deinen Ärger energisch aus.

Beobachte dich in deinem Ärger.

Beobachte die Reaktionen der anderen. Sind sie so, wie du sie dir vorgestellt hast?

Bewegung

Stärkend für das Element Holz ist körperliche Bewegung, bei der du schwitzt (Holz wird zu Feuer).

Neben schwerer körperlicher Arbeit erfüllen die meisten Sportarten diesen Zweck. Insbesondere Kampfsportarten (zum Beispiel Judo, Karate und Aikido) stärken ein schwaches Holzelement und bekämpfen Übergewicht.

Die Meridiane von Gallenblase und Leber

In der chinesischen Medizin wird jedem Organ ein Meridian oder Energiekanal zugeordnet. Durch den Meridian fließt das *Ch'i*, die Lebenskraft, in bestimmte Gewebe und Organe. Die meisten Meridiane verlaufen in der Längsachse des Körpers, von oben nach unten oder von unten nach oben. Sie sind untereinander durch ein Netzwerk kleinerer Kanäle verbunden, das dafür sorgt, daß jeder Körperbereich ausreichend mit Energie versorgt wird.

Da das Meridiansystem an vielen Stellen knapp unter der Körperoberfläche verläuft, werden die Meridiane in der chinesischen Medizin

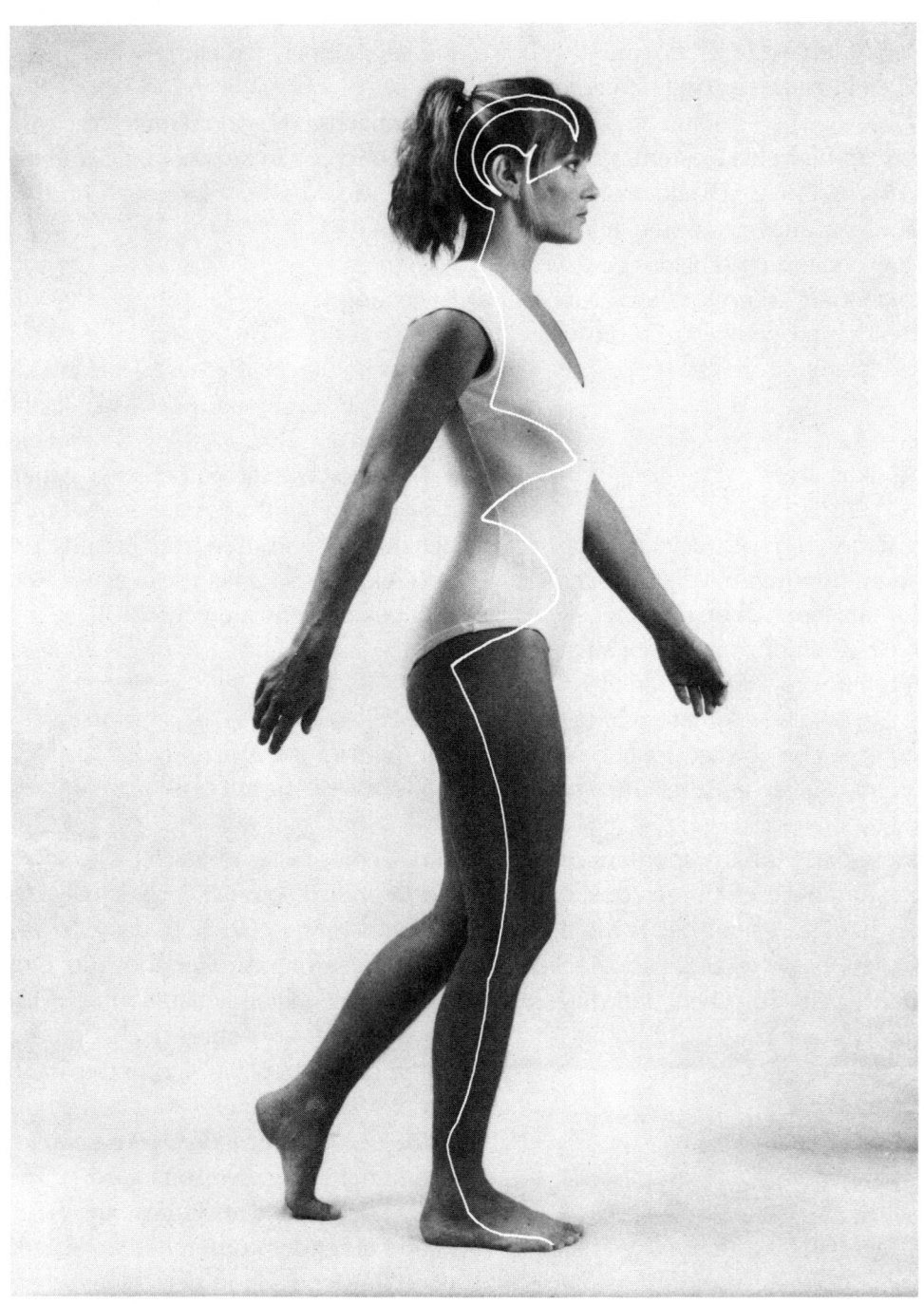

dazu verwendet, auf die inneren Organe einzu-wirken und etwaige Fülle- oder Mangelzustände ins Gleichgewicht zu bringen. Man erreicht dies durch sedierende oder tonisierende Akupunk-tur, durch Erhitzen (Moxibustion), durch Mas-sage bestimmter Punkte auf dem Meridian oder durch bestimmte Körperhaltungen und Übun-gen, wie sie hier beschrieben werden.

Das Holz-Yang: Die Gallenblase

Die Körperhaltung des Holz-Yang

Die Körperhaltung drückt die Essenz des chine-sischen Organbegriffs der Gallenblase aus. Sie stellt den Geist des Aufbruchs dar, das Sich-auf-den-Weg-Machen, Entscheidung und Tatkraft; das Leben als Weg, der aktiv zu gehen ist.

Diese Körperhaltung zeigt den Verlauf des Gallenblasenmeridians. Du kannst sie verstehen und begreifen, indem du selbst diese Haltung einnimmst und dich mindestens eine Minute lang auf den rechten Gallenblasenmeridian kon-zentrierst. Stell dir einen etwa fünf Millimeter breiten Energiefluß vor, am besten rot oder orange, der von den Augen abwärts bis zu den Füßen fließt. Verstärke den Fluß deiner Vorstel-lung mit jedem Ausatmen.

Beginne danach langsam auf und ab zu gehen, während du dich weiter auf den Meri-dianfluß konzentrierst. Nimm nach zwei bis drei Minuten die spiegelbildliche Haltung für die linke Seite ein und wiederhole die Übung.

Die Aktivierung des Gallenblasenmeridians

1. Steh mit den Füßen parallel, drei Fußbreit auseinander. Deine Schultern sind entspannt, die Arme hängen seitlich locker herab. Die Knie sind leicht gebeugt, nicht durchgedrückt.
2. Strecke deine Arme senkrecht nach oben. Die Handflächen weisen zueinander.
3. Beuge mit dem Einatmen deinen Körper so weit wie möglich nach links. Die Arme bleiben dabei so gerade wie möglich. Dehne dich zur Seite, ohne deinen Rumpf nach vorn oder hinten zu verdrehen. Dein Gesicht blickt nach vorn. Laß das Gewicht deines rechten Armes deine rechte Seite dehnen, so daß du einen Spannungsbogen bis in den rechten Fuß hinunter spürst.
4. Richte den Körper wieder auf.
   Atme scharf aus, während du rasch mit locker geballten Fäusten in die Hocke gehst.
5. Richte dich mit der Einatmung wieder auf und dehne deinen Körper nach rechts wie oben beschrieben.
6. Wie 4.
7. Mach diese Übung zehnmal.

Das Holz-Yin: Die Leber

Die Körperhaltung des Holz-Yin

Diese Körperhaltung stellt das Sinnbild der Leberenergie dar: den Baum, und damit organisches Wachstum, Gleichgewicht und Koordination der Kräfte und ruhige Konzentration auf das Wesentliche.

Nimm diese Haltung mindestens eine Minute lang ein. Visualisiere den Lebermeridian als Energiefluß, der von der großen Zehe aufwärts bis zum Brustkorb fließt. Verstärke den Fluß in deiner Vorstellung mit jedem Einatmen.

Danach wiederhole die Übung mit dem anderen Bein. Wenn es dir schwer fällt, im Gleichgewicht zu bleiben, ist das ein Anzeichen dafür, daß du zuwenig tief in dir verwurzelt bist.

Die Aktivierung des Lebermeridians

1. Leg dich auf den Rücken, stell die Knie auf und bringe die Fersen zum Gesäß. Umfasse deine Knöchel mit den Händen. Laß die Füße flach auf dem Boden stehen.
2. Atme ein, während du das Becken so weit wie möglich vom Boden hebst, und atme aus, während du es zum Boden sinken läßt.
3. Mach diese Übung eine Minute lang. Dann hebe das Becken ein letztes Mal so hoch wie möglich und verharre etwas in der Stellung. Spanne dabei deine Gesäß- und Bauchmuskeln fest an. Dann laß dich in die Entspannung sinken.
4. Liege flach auf dem Rücken mit geschlossenen Augen und fühle deinen Körper.

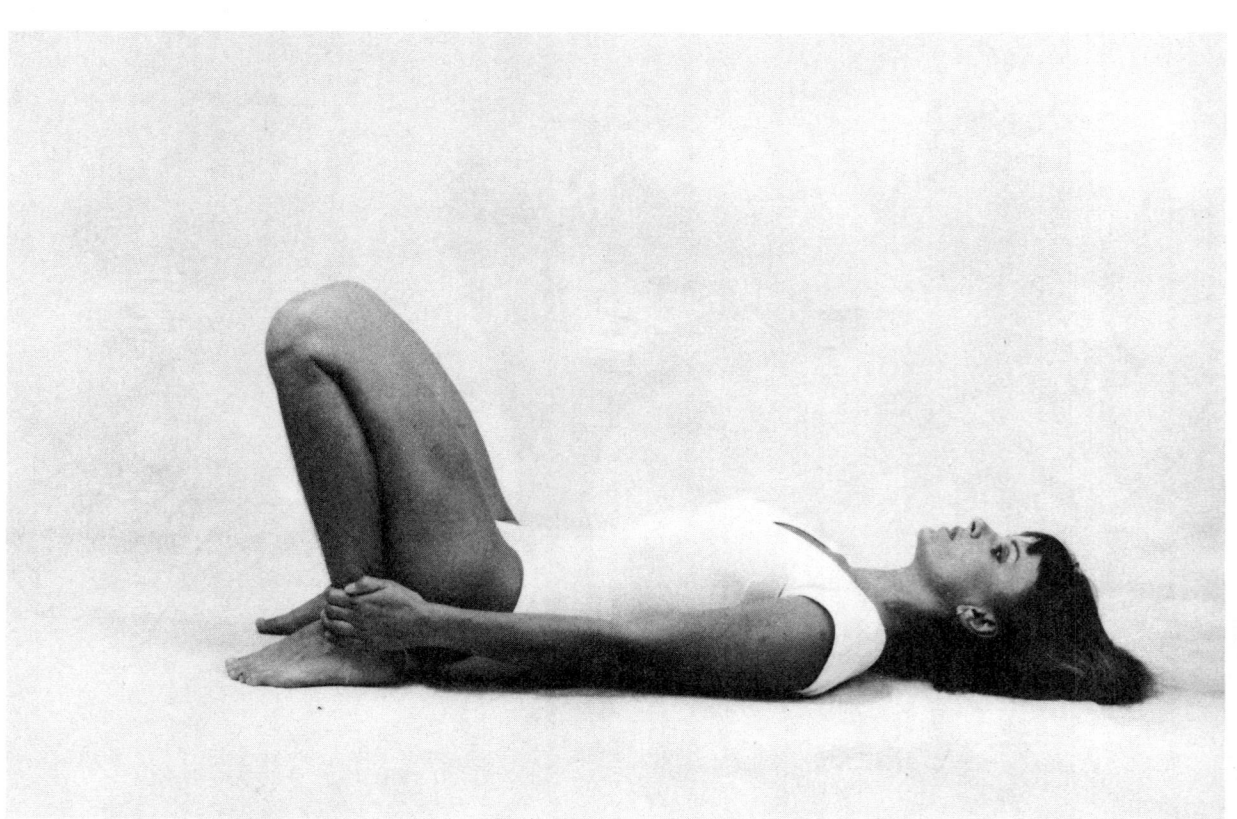

Das Element Feuer

Die Kraft des Feuers manifestiert sich zu Mittag und im Süden, in jeder Blütezeit, in der Hitze und im Sommer. Das Feuer folgt im *Sheng*-Zyklus auf das Holz: Mit Holz macht man Feuer. Es wird das alte Yang genannt. Im menschlichen Organismus verkörpert sich das Feuer in Herz und Dünndarm, im Herzbeutel oder Meister des Herzens und im Dreifachen Erwärmer. Es manifestiert sich in der Zunge und in den Arterien, Venen und Kapillaren. Seine Körperflüssigkeit ist der Schweiß.

Die Natur des Holzes ist die Expansion, das Sichausbreiten in alle Richtungen. Die Feuerkraft ist vertikal aufwärts gerichtet, von den Tiefen der Erde zum Himmel, von der Materie zum Geist, vom dumpfen Beharren zum Bewußtsein, entgegen der Richtung der Gravitation. Im geistig-emotionalen Bereich bringt das Feuer die Freude hervor, den Tanz und das Lachen, den Überblick und die Bewußtheit. Seine Farben sind Scharlach und Rot.

Das alte China hatte eine höfische Kultur mit strengen Hierarchien. Die soziale Ordnung, deren Mittelpunkt der Kaiser und sein Hofstaat war, wurde als verantwortlich angesehen für die Harmonie zwischen Himmel und Erde. Im Unterschied zu der griechischen Philosophie, die vom Kosmos und seinen Naturgesetzen aus-

geht, und der indischen Philosophie der Vedas und der Upanishaden, die als essentielle Dimension des Universums das innere Selbst des Menschen kennt, steht im Mittelpunkt der chinesischen Kosmologie die Gesellschaftsordnung und Ethik. Richtiges Verhalten des Menschen bewirkt richtiges Verhalten der Natur. Wenn die Gesellschaft, allen voran und in ihrem Mittelpunkt der Kaiser und sein Hofstaat, die Gesetze des Tao befolgt, bleibt das Land von Flutwellen und Dürrekatastrophen, von Epidemien, Hungersnöten und Taifunen verschont. Diese sozialmagische Ansicht hält die Gesellschaft zusammen.

Diese Auffassung durchdrang auch die chinesische Medizin, in der der Organismus als ein Hofstaat angesehen wurde, die einzelnen Organe als Hofbeamte. Auch hier galt: Wenn der einzelne Mensch seine sozialen Verpflichtungen erfüllt, seine Ahnen verehrt, seine Dämonen besänftigt und mit den Elementgeistern, die durch seine Organe, Gedanken und Handlungen wirken, in Kontakt ist, bleiben Krankheiten von ihm fern.

Das Yin-Organ des Feuers, das Herz wurde der Feuerprinz genannt, der oberste Herr der Organe. Es wurde als das Zentrum des Bewußtseins, des Fühlens und Denkens betrachtet. Im

Herzen regiert *Shen*, der Geist des Feuers. Das chinesische Zeichen *Shen* kann man mit »Geist«, »Seele«, »Gott«, »göttlich« und »wirksam« übersetzen. Bei uns klingt die Bedeutung dieses Zeichens an, wenn man von jemandem sagt, er habe Geist, Esprit.

Der *Shen* hat zwei Wohnsitze. Der untere Wohnsitz ist das Herz, von dem aus er für eine Ausgewogenheit der Gefühle und für eine klare, ehrliche Redeweise sorgt. Sein oberer Amtssitz ist das dritte Auge oder Stirn-Chakra, von dem aus er Klarheit des Denkens und Bewußtheit in der Lebensführung bewirkt. Wenn diese Eigenschaften in einem Menschen vorhanden sind, ist sein *Shen* kraftvoll und gesund. Man erkennt dies an einem Glanz, einem Licht in den Augen.

Ist der *Shen* jedoch verwirrt und ohne Kraft, so zeigt sich das an unklarem Denken oder einem Mangel an Denkfähigkeit, an einer unklaren Sprechweise bis hin zum Lispeln, Stammeln, Stottern und zur Stummheit, an einem starken Auf und Ab der Gefühle, himmelhoch jauchzend – zu Tode betrübt, bis hin zu den verschiedenen Formen der Hysterie und der manischen Depression. Ein zerstreuter, verwirrter *Shen* zeigt sich in Nervosität, Ängstlichkeit, Lampenfieber, Schlaflosigkeit und in stumpfen, blicklosen Augen. Alle diese Symptome gehen auf eine Störung des Feuerelementes zurück.

Wenn die Feuerenergie im Herzen zu stark ist – die Chinesen sagen, sie ist *Shih*, im Exzeß –, kommt es zu Redeflut und Geschwätzigkeit, zu übermäßigem Schwitzen und zu nervöser Spannung. Solche Menschen glauben, alles selbst in die Hand nehmen, alles selbst kontrollieren zu müssen. Sie sind meist nicht fähig, Verantwortung an andere abzugeben. Das ist ein wesentlicher Zug des heute als Managerkrankheit be-

schriebenen Gefühls- und Geisteszustandes, der dann auch oft zu Herzinfarkt und Herzversagen führt. Die modernen Untersuchungen der westlichen Medizin über Streß, Streßkrankheiten und den zu Bluthochdruck und Herzinfarkt neigenden Persönlichkeitstypus A beschäftigen sich viel mit dem Zustand, den die Chinesen als das Shih des Herzens beschrieben haben. Wie wir später sehen werden, entsteht dieses Ungleichgewicht in den meisten Fällen durch einen Energiemangel im Wasserelement.

Wenn die Feuerenergie im Herzen zu schwach ist – man sagt, sie sei *Hsu*, im Mangel –, kommt es zu Schwierigkeiten, sich gut verständlich auszudrücken, zu fast oder ganz sprachlosen Menschen und zu einem verminderten oder fehlenden Geschmacksempfinden, sowohl der Zunge als auch der Psyche.

Das zweite Yin-Organ des Feuers ist der Herzbeutel oder das Perikard, auch Meister des Herzens genannt. Es wird in der chinesischen Tradition als erster Minister oder Kanzler des Feuerprinzen bezeichnet, als sein Leibwächter, als Beschützer des Herzens, als sein Schloß. Seine Aufgabe ist es, den Prinzen vor Schaden und Niederlage zu schützen, seine Weisungen an seine Hofbeamten und Untertanen weiterzugeben und dem Prinzen über ihr Wohlergehen Bericht zu erstatten. Im Menschen bewirkt er die Fähigkeit, sich selbst und anderen gegenüber großzügig zu sein, Wärme auszustrahlen und zu lieben. Der Meister des Herzens zeigt sich in der Fähigkeit, zu geben, und Beschwerden, Klagen, Kritik und Liebe von anderen annehmen zu können. Wenn diese Eigenschaften entwickelt sind, ist jemand imstande, sich etwas zu Herzen zu nehmen, er ist imstande, sein Herz sprechen zu lassen. Er ist herzlich und warmherzig. Demgegenüber gibt es Menschen, von denen wir sagen, sie seien kalt- oder engherzig, sie hätten ein Herz aus Stein und nähmen sich nichts zu Herzen. Interessant ist in diesem Zusammenhang, daß eine schwer verlaufende Form von Herzbeutelentzündung auf organischer Ebene zu einem sogenannten Panzerherz führen kann.

In der chinesischen Physiologie schließen die Funktionen des Herzens und des Perikards auch die des Kreislaufsystems und dessen Regulation mit ein. Dementsprechend werden die Arterien und Venen als das dem Feuer zugeordnete »Gewebe« bezeichnet. Es handelt sich hierbei um eine funktionelle Einheit von Herz, Herzbeutel, Blutgefäßen und allen Hormonen und Regulationsmechanismen, die über eine Weiter- oder Engerstellung der Gefäße den Blutkreislauf erhalten und steuern. In den klassischen chinesischen Texten wird oft vom Meister des Herzens als der Yang-Niere gesprochen, und es dürfte erwiesen sein, daß dies der ältere Begriff ist. In der neueren chinesischen Medizin wird mit Yang-Niere die Nebenniere assoziiert, deren Hauptfunktion, neben Stoffwechselaufgaben, die Steuerung des Blutkreislaufs und des Wasser- und Elektrolythaushaltes ist. Aus diesen verschiedenen Bezeichnungen wird ersichtlich, wie sehr der Meister des Herzens eine Mittlerstellung zwischen Niere und Herz einnimmt, zwischen Wasser und Feuer, zwischen dem oberen und dem unteren Pol des Menschen.

In diesem Zusammenhang sei erwähnt, daß die Chinesen im menschlichen Organismus sechs Energieschichten unterscheiden, von denen jede einzelne von zwei Organen ernährt, erhalten und reguliert wird. Die innerste dieser Schichten, der Kern unseres Körpers und unserer Persönlichkeit, wird von Niere und Herz gebildet. Auch unsere Sprache kennt diesen Zusammenhang: jemanden auf Herz und Niere prüfen. Herz und Niere, das ist die Polarität von Feuer und Wasser, von Himmel und Erde, von Oben und Unten, von Gott und Teufel, von Zeus und Hades, von Jupiter und Pluto, die vertikale Achse des Menschen. In einem weiteren Sinne ist sie auch die Polarität von Kopf und Schoß.

Während in Indien Shiva, der Zerstörer, gleichberechtigt neben Brahma, dem Schöpfer, und Vishnu, dem Erhalter, verehrt wird, während man in China ein Gleichgewicht von Oben und Unten, von Rechts und Links als erstrebenswert ansah, wird in der abendländischen Kultur der obere Pol höher bewertet. Diese Bewertung führte zu einem einseitig ausgerichteten Streben nach Oben, zum Guten, »um in den Himmel zu kommen«, und damit zur Schaffung des Bösen und unserer Vorstellung von der Hölle. Dementsprechend werden in der abendländischen Kultur die Bereiche des Feuers – Liebe, Sprache und Geist (»Im Anfang war das Wort, und das Wort war bei Gott, und das Wort war Gott.« So lautet der Beginn des Evangeliums nach Johannes.) – im allgemeinen höher bewertet als die Bereiche der Tiefe, des Wassers – Sexualität, Meditation und Versenkung in die archaischen Schichten der Seele.

Eine bestehende Verbindung zwischen Niere und Herz über den Meister des Herzens zeigt sich in einer erfüllten Sexualität, die Freude hervorruft und manchmal auch Lachen. Sie zeigt sich im harmonischen Austausch von Geben und Nehmen und in der Fähigkeit, Liebe geben und annehmen zu können. Es ist bezeichnend, daß unsere Kultur bei dem Versuch, die Sexualität aus der Verdammung zu befreien, dem physischen Orgasmus, der eine Funktion des Wasserelementes ist, so viel mehr Beachtung schenkt als dem seelischen.

Obwohl Herz und Perikard zwei Yin-Organe des gleichen Elements sind, unterscheiden sich ihre Wirkungsbereiche weitgehend. Das Herz ist mehr für die »inneren Angelegenheiten« verantwortlich. Seine Funktionen sind Klarheit des Denkens, Sprache, Verantwortlichkeit und Begeisterungsfähigkeit. Diese Ausrichtung kommt auch in einigen Punktenamen des Herzmeridians zum Ausdruck. *Shenmen* (Herz 7) bedeutet »Tor des Geistes« oder »Tor des Bewußtseins«, *Tongli* (Herz 5) bedeutet »Verbindung nach innen«. Das Perikard hingegen, mehr für die »äußeren Angelegenheiten« verantwortlich, reguliert Herzschlag und Herzfrequenz auf der organischen Ebene und die Blutzirkulation. Ein Symptom für Energiemangel im Perikard sind kalte Hände und Füße. Ein Mensch mit wenig Wärme hat einen Energiemangel im Perikard; ein Mensch mit wenig Freude an der Sexualität; ein geiziger Mensch, der Mühe hat zu geben; ein Mensch, der lange braucht, bis er auftaut; ein verschlossener Mensch, der nicht lächelt.

Dementsprechend werden die Punkte des Herzmeridians vorwiegend zur Behandlung von psychischen Störungen verwendet, beispielsweise bei Schlaflosigkeit, Nervosität, Hysterie, manischer Depression und Epilepsie, sowie bei Sprachstörungen und Schwierigkeiten, anderen Menschen zuzuhören. Die Punkte des Perikardmeridians hingegen helfen eher bei physischen Herzbeschwerden, wie zum Beispiel Herzschmerzen, Angina pectoris, Tachykardie, Herzrhythmusstörungen und Kreislaufschwäche. Allerdings haben einige von ihnen auch eine ausgeprägt psychische Wirkung.

Das dem Herzen zugeordnete Yang-Organ ist der Dünndarm. Der Schlüssel zu einem Verständnis seiner Funktion ist die Assimilation von Nahrung im Verdauungsprozeß. So wie er auf der organischen Ebene dafür sorgt, daß Nahrung ins Blut aufgenommen werden kann, ist er im geistigen Bereich für die Assimilation von Ideen verantwortlich. Ein Energiemangel im Dünndarm zeigt sich daher bei Menschen, die Wissen, Überzeugungen und Glaubenssätze unverdaut von anderen Menschen übernehmen und nicht imstande sind, ihre eigene Weltanschauung und ihre eigenen Ansichten daraus zu bilden. Die Erscheinung eines Menschen, der imstande ist zu assimilieren, zeichnet sich durch ein feines, stilles Lächeln in den Augen und um die Lippen aus.

Dem Meister des Herzens ist als Yang-Organ der *Sanjiao* oder Dreifache Erwärmer zugeordnet, ein Organ, das mehr ein Funktionszusammenhang ist als eine organische Realität. Nach der chinesischen Lehre lassen sich »drei brennende Höhlen« im Organismus unterscheiden: die Brusthöhle (für die Atemfunktion), die Bauchhöhle (für die Verdauungsfunktion) und der Beckenraum (für Ausscheidung und Fortpflanzung). Die Aufgabe des Dreifachen Erwärmers ist zum einen die Koordination dieser Funktionsräume untereinander, also beispielsweise die Abstimmung der Atemtiefe und -frequenz auf den Verdauungsprozeß oder die Sexualität und zum anderen die Regelung der Körpertemperatur und des Gleichgewichtes. Es wird angenommen, daß der chinesische Begriff des *Sanjiao* verschiedene Zentren zur Regelung der Körpertemperatur im Gehirn, vor allem im Hypothalamus, einschließt.

Der Dreifache Erwärmer ist der komplexeste und daher auch der am leichtesten aus dem Gleichgewicht zu bringende Funktionszusammenhang des gesamten Organismus. In den klassischen Texten erscheint er als der Außenminister des Feuers, als der Schützer von Yang- und Yin-Organen, als der Energie-Minister, der die Herstellung der verschiedenen Arten des Ch'i überwacht und ihre Verteilung im Körper gewährleistet.

Wenn das Feuer eines Menschen im Gleichgewicht ist, wird der Sommer Freude und Erfüllung bringen. Ein solcher Mensch hat ein inneres Gleichgewicht, von dem aus er die Geschehnisse übersieht. Er weiß, wann er zu sprechen und wann er zu schweigen hat. Er kann sich freuen, verfällt aber nicht in Schwärmerei. Er kann andere lenken und führen, aber er weiß auch, wann es Zeit ist zurückzutreten. Seine Augen leuchten. Er kennt Güte und Großmut, und er hat Geschmack.

Geistige und körperliche Übungen, um das Feuer zu entzünden

Klärende Fragen

Du gehst vor wie beim Element Holz.

- Wie geht es mir im Sommer / bei Hitze / im Süden?
- Spreche ich eher zu viel oder zu wenig?
- Höre ich anderen aufmerksam zu, oder denke ich oft, während sie reden, schon an das, was ich selber sagen möchte?
- Komme ich leicht ins Schwitzen?
- Wie gesund ist mein Herz?
- Habe ich oft kalte Hände und Füße?
- Nehme ich meine Aufgaben sehr ernst?
- In welchen Situationen habe ich keinen Humor?
- Freue ich mich manchmal wie ein kleines Kind?
- Bin ich bereit, wichtige Aufgaben und Entscheidungen anderen anzuvertrauen?
- Bin ich mir klar darüber, was mir im Leben am wichtigsten ist?
- Wann habe ich das letzte Mal herzhaft gelacht?
- Wen liebe ich?

Der Blick ins Feuer

Geh zur Mittagszeit in den Wald, sammle Reisig, mach ein Lagerfeuer. Setze dich mit Blick nach Süden an das Feuer. Richte deinen Blick mühelos und ständig in die Flammen, solange bis du merkst, daß deine Gedanken langsamer werden und dein Bewußtsein immer mehr vom Feuer erfüllt wird. Du kannst dir dabei vorstellen, daß deine Gedanken vom Feuer verzehrt werden und dein Geist zu einer einzelnen Flamme wird.

Genieße diesen Zustand etwa eine Viertelstunde lang.

Die Lichtmeditation

Diese Technik ist geeignet, deinen Verstand zur Ruhe zu bringen.

Stelle eine brennende Kerze in etwa einem Meter Entfernung vor dich hin. Schaue in die Flamme, ohne zu blinzeln. Laß die Augen dabei entspannt und versenke dich in einen Zustand, wie ich ihn oben beschrieben habe.

Mache diese Übung einmal täglich zwei bis drei Wochen lang, wenn du ihre Wirkung in deinem Leben verspüren möchtest.

Das Spiegelbild

Setze dich bequem vor einen Spiegel und schau dir selbst mindestens eine halbe Stunde lang in die Augen. Laß deinen Blick sanft sein, so daß er dein ganzes Gesicht erfaßt. Nach einer Weile wirst du unter der Oberfläche deines dir vertrauten Gesichts andere Gesichter und Spiegelbilder auftauchen sehen. Das wird vor allem dann geschehen, wenn du diese Meditation in der Dämmerung oder bei Kerzenlicht durchführst.

Du kannst diese Übung auch mit einem Partner machen: Setzt euch in ein bis zwei Metern Entfernung gegenüber und schaut euch mindestens eine halbe Stunde lang in die Augen. Du kannst diese Übung mit einem Menschen machen, den du liebst, oder auch bei einem Streit, wenn Worte nicht mehr weiterhelfen.

Die Meridiane von Herz und Dünndarm,
vom Meister des Herzens
und Dreifachen Erwärmer

Das erste Feuer – Yin: Das Herz

Die Körperhaltung des ersten Feuer-Yin

Die Körperhaltung spricht für sich. Sie versinnbildlicht Anmut und Hingabe, Einfachheit und Klarheit; die Fähigkeit, sowohl ein König zu sein als auch dienen zu können.

Nimm diese Haltung ein, wenn du verwirrt bist und Unordnung in deinem Leben herrscht oder wenn du dich dabei ertappst, dauernd im Streß zu sein und gar nicht mehr richtig zu wissen, weswegen oder wenn du niemandem mehr zutraust, dir helfen zu wollen, dir helfen zu können.

Der Herzmeridian führt von der Mitte der Achselhöhle zur Innenseite des kleinen Fingers. Verstärke den Energiefluß in deiner Vorstellung mit jedem Ausatmen. Bleib mindestens drei Minuten lang in dieser Stellung.

Die Aktivierung des Herzmeridians

1. Steh mit den Füßen parallel, zwei Fußbreit auseinander. Halte beide Arme angewinkelt, die Schultern entspannt, die Handflächen nach oben.
2. Forme lockere Fäuste (»Baumwollfäuste«). Stelle dir ein Reservoir an Kraft *(Ch'i)* vor, das sich unterhalb deines Nabels im Bauchraum befindet.
3. Stell dir vor, daß das *Ch'i* mit dem Ausatmen vom Bauch langsam in die linke Faust dringt, und bewege dabei die Faust horizontal nach vorn, wie zum Schlag. Führe die Bewegung langsam durch.
4. Ziehe mit dem nächsten Einatmen die Faust ebenso langsam zum Körper zurück.
5. Mache die gleiche Bewegung mit dem rechten Arm.
6. Strecke die linke Faust mit dem Ausatmen langsam und horizontal zur Seite und mit dem Einatmen wieder zurück.
7. Das gleiche mit dem rechten Arm.
8. Wiederhole diese Sequenz mindestens fünfmal und stelle dir dabei vor, daß das *Ch'i* beim Ausatmen die Bewegung bewirkt und beim Einatmen wieder in das *Hara* (den Bauch) zurückkehrt.

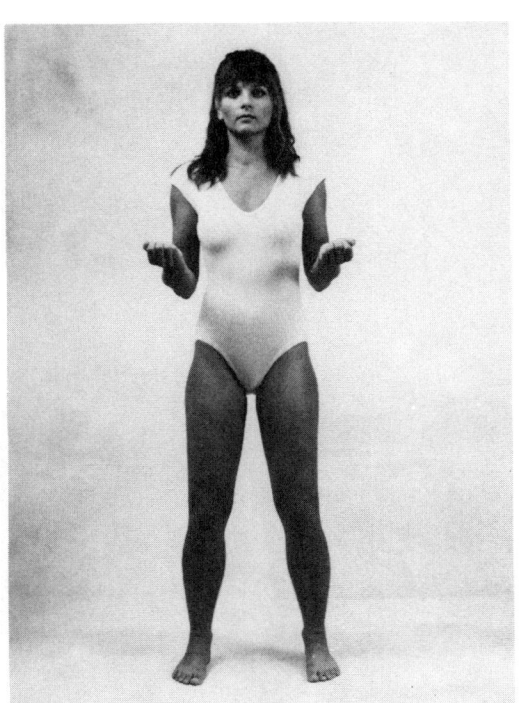

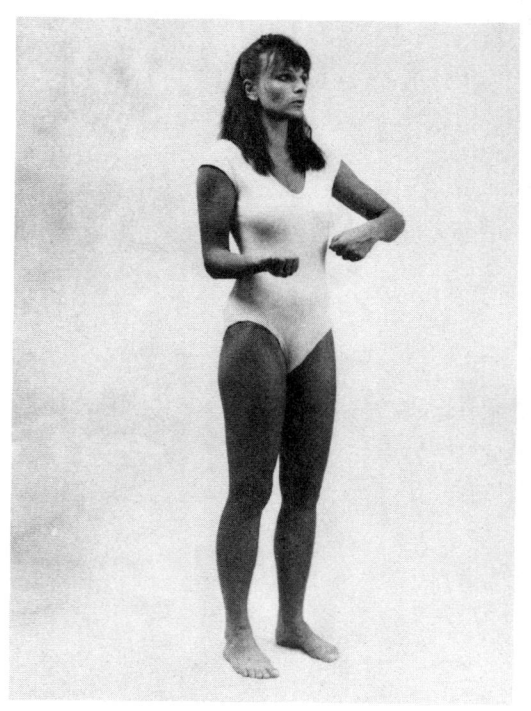

42

Das erste Feuer-Yang: Der Dünndarm

Die Körperhaltung des ersten Feuer-Yang

Die Körperhaltung stellt einen Kung-Fu-Kämpfer bei einer Übung dar, in der er das *Ch'i*, das im Dünndarm durch Assimilation gewonnen wird, zu seiner Verteidigung einsetzt. »Die Organe Dünndarm und Blase speisen das *Tai Yang*, das höchste Yang, eine Energieschicht, welche den Körper nach außen hin schützt.«

Nimm die Haltung des Kämpfers ein. Spanne den Körper wie eine Feder, halte den Arm gerade nach vorn gestreckt. Visualisiere den Dünndarmmeridian. Die Energie fließt in ihm von der Spitze des kleinen Fingers über das Schulterblatt bis zum Ohr. Verstärke den Fluß in deiner Vorstellung mit dem Einatmen. Bleibe in der Stellung, bis dir warm oder heiß wird. Dann mach die Übung für die linke Seite.

Die Aktivierung des Dünndarmmeridians

1. Sitze auf den Fersen und bringe deine Stirn zum Boden. Verschränke deine Finger hinter dem Rücken, die Handflächen einander zugewandt.
2. Atme ein und strecke die Arme nach oben und vorn, so daß du die Spannung in den Schultern und Schulterblättern fühlst. Bleibe etwa 30 Sekunden lang in dieser Stellung und atme dabei tief durch die Nase.
3. Dann bringe die Arme noch ein Stück nach vorne, bis die Spannung am Höhepunkt ist.
4. Atme aus und laß deine Arme am Boden entspannen. Fühle die Wirkung, die diese Übung auf deinen Körper hat.

Das zweite Feuer-Yin: Der Meister des Herzens

Die Körperhaltung des zweiten Feuer-Yin

Die Körperhaltung versinnbildlicht die Essenz des Meisters des Herzens: Offenheit, Wärme, die Bereitschaft zu geben wie auch die Bereitschaft, von anderen Helles und Dunkles anzunehmen. Diese Haltung kann dir helfen, diese Eigenschaften zu entwickeln.

Wenn du diese Körperhaltung einnimmst, visualisiere den dargestellten Meridian. Er fließt vom Herzen zur Hand: zwei Zentimeter seitlich der Brustwarzen kommt er an die Körperoberfläche und führt über die Innenseite des Arms zum Endglied des Mittelfingers. Verstärke den Energiefluß in deiner Vorstellung mit dem Ausatmen. Bleibe in dieser Stellung, bis deine Hände sich warm und aufgeladen anfühlen.

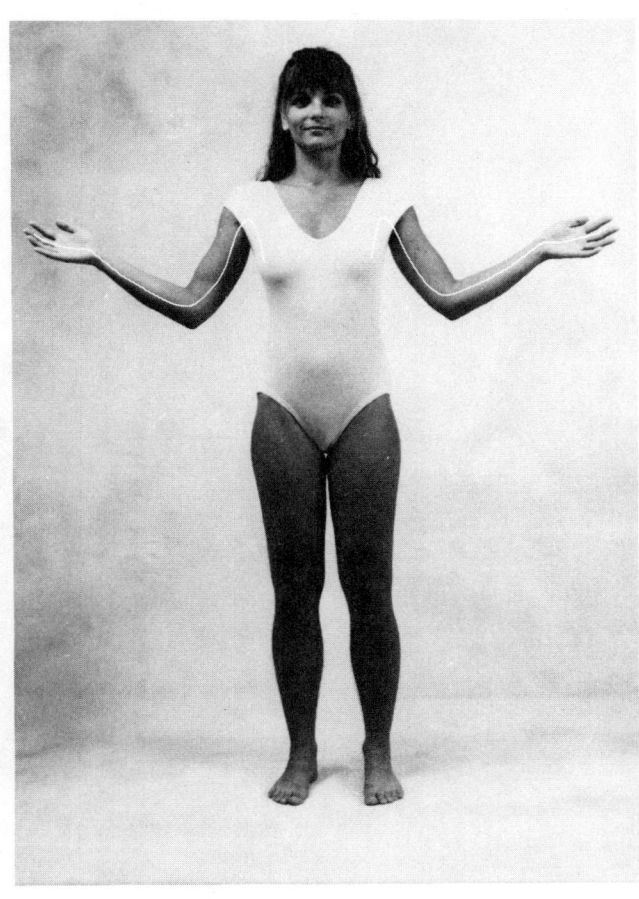

Die Aktivierung des Meisters des Herzens

1. Sitze auf dem Boden und laß die Sohlen deiner Füße einander berühren.
2. Lege deine Hände mit den Handflächen nach oben unter die Füße, so daß die Außenknöchel in der Mitte der Handgelenke liegen.
   Der Punkt in der Mitte der Handgelenkinnenseite ist Perikard 7, der Quellpunkt. Er wird durch diese Übung stimuliert.

3. Ziehe den Oberkörper mit der Einatmung leicht in Richtung Füße, und laß ihn sich mit der Ausatmung wieder aufrichten. Mach diese Übung eine Minute lang, dann bleibe ruhig mit geschlossenen Augen in dieser Haltung sitzen und spüre die Wirkung dieser Übung.

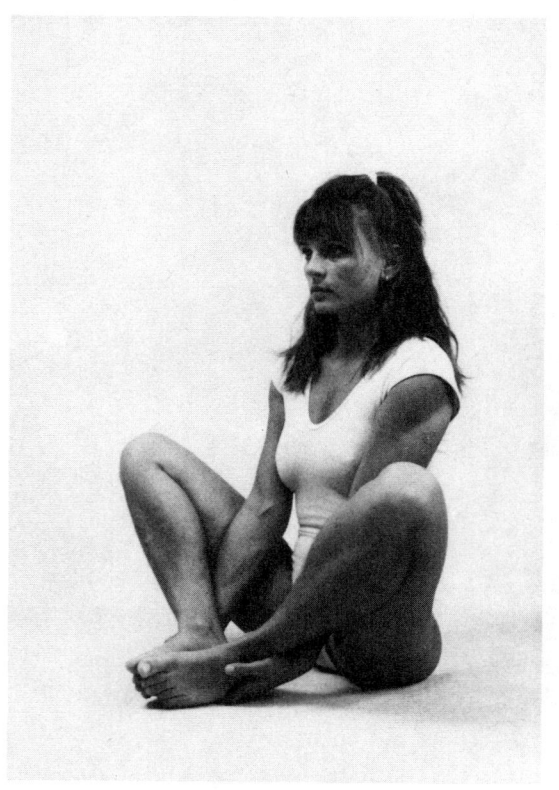 

Das zweite Feuer-Yang:
Der Dreifache Erwärmer

Die Körperhaltung des zweiten Feuer-Yang

Die Körperhaltung zeigt einen Vogel im Flug. Sie versinnbildlicht die Essenz des Dreifachen Erwärmers: die Koordination von Brust, Bauch und Becken, von Atmung, Verdauung und Sexualität.

Nimm die Haltung des fliegenden Vogels ein und atme dabei tief und ausgiebig durch den Mund. Atme in Bauch und Brust. Halte die Arme gestreckt und den Kopf leicht zur Seite gedreht. Visualisiere den Meridian des Dreifachen Erwärmers, der vom Ringfinger über den Arm zum Ohr und weiter zum äußeren Ende der Augenbraue führt. Bleibe in dieser Stellung, bis dir warm oder heiß wird. Achte darauf, in dieser Haltung locker zu bleiben und nicht zu verkrampfen. Danach führe die Übung zur linken Seite hin aus.

Die Aktivierung des
Dreifachen Erwärmers

1. Sitze auf dem Boden, die Beine vor dir ausgestreckt. Lege deine Hände hinter dich auf den Boden, die Fingerspitzen von Dir weggewandt.
2. Hebe dein Becken hoch, so daß dein Körper von den Füßen bis zum Kopf eine gerade Linie bildet.

Atme tief und regelmäßig, etwa eine Minute lang.
3. Strecke dich am Boden aus, laß die Augen geschlossen und entspanne dich in der wohligen Wärme, die bei dieser Übung entsteht.

Das Element Erde

Die Jahreszeit der Erde ist der Nachsommer, die Zeit, in der die Sonne im Sternbild Jungfrau ist. Es ist die Zeit, in der die Natur Wärme, Fülle und Überfluß zeigt. Es ist die Zeit der Ernte des Korns und der Erntedankfeste. In bäuerlichen Gemeinschaften werden die Früchte des Waldes und des Feldes gesammelt, aussortiert, getrocknet, und die Vorratskammern und Speicher werden gefüllt. Eine wichtige Arbeit in dieser Zeit ist die Auswahl und Verarbeitung der Nahrungsmittel, die das Überleben im Winter gewährleisten. Es gilt, dafür Sorge zu tragen, daß die Vorräte einen Winter lang ausreichen. Es ist die Zeit des Sammelns und der Sammlung, denn der Höhepunkt des Sommers mit seinen Tanzfesten, Liebesabenteuern und Vergnügungen ist überschritten, und zurück bleiben die Gedanken an das eben Erlebte und manchmal nostalgische Erinnerungen. Während der Mensch im Frühjahr nach vorn blickt und auf den Sommer hin lebt und im Sommer selbst den Augenblick genießend die Gegenwart erlebt, beginnt er im Nachsommer, auf das Gewesene zurückzuschauen und es zu verarbeiten.

Der Erde ist als Himmelsrichtung die Mitte zugeordnet; sie ist weder Yin noch Yang; die Richtung ihrer Kraft ist ein horizontaler, geschlossener Kreis. Der Nachsommer ist die Übergangszeit von der Yangphase der Natur zu ihrer Yinphase. Im Frühjahr und Sommer überwiegen die Kräfte des Lichts, alle Erscheinungen der Natur breiten sich aus, wachsen empor und wenden sich dem Himmel und der Sonne zu. Im Herbst und Winter überwiegen die Kräfte des Dunkels, die finsteren Kräfte. Die Natur verkriecht sich, zieht sich in sich selbst zurück.

Die Übergangszeiten zwischen den einzelnen Jahreszeiten werden ebenfalls dem Element Erde zugeordnet. Auch sie sind Momente des Innehaltens und der Sammlung, bevor eine neue Phase beginnt.

Die Farben der Erde sind Gelb und Braun, ihr Klima ist feucht, denn ohne Wasser und Feuchtigkeit kann sich die Fülle und Fruchtbarkeit der Erde nicht entfalten. Für uns Europäer scheint diese Zuordnung nicht von so großer Bedeutung zu sein, da es in unseren Breiten das ganze Jahr hindurch genug Feuchtigkeit gibt. In den Tropen und Subtropen aber – und weite Teile Chinas fallen in diesen Bereich – ist der Nachsommer die Zeit des Monsuns mit seinen heftigen, gußartigen Regenfällen und seiner dampfenden Luftfeuchtigkeit, die auf die grelle Hitze des Sommers folgen und die Erde wieder fruchtbar machen.

In fast allen Mythologien spielt die Erde eine wichtige Rolle. Die Fruchtbarkeits- und Erdgöttinnen sind ein in den meisten Kulturen verwendetes Symbol, welches die Erde mit Erhaltung des Lebens und Mütterlichkeit, mit Sicherheit und Geborgenheit, mit Ernährung und Fruchtbarkeit, mit Fülle und Großzügigkeit in Verbindung bringt. Im Menschen drückt sich das Element Erde durch Mitgefühl, Anerkennung und Sympathie aus und durch ein Gefühl von Liebe und Verbundenheit mit der eigenen Umgebung; durch ein Grundgefühl, daß man dort, wo man gerade ist, zu Hause und willkommen ist.

Man findet dieses Gefühl bei Menschen, die sich auch in einer neuen Umgebung sehr bald wohl und von den anderen angenommen fühlen. Dieses Grundgefühl gibt Selbstsicherheit, die sich nicht zu beweisen braucht, eine innere Sicherheit und Gelassenheit. Dagegen fühlen sich jene mit einem schwachen Element Erde unsicher, und aus dieser Unsicherheit entsteht oft ein Betteln um Aufmerksamkeit und Zuwendung. Hinter diesem Verhalten verbirgt sich die Angst, daß Wärme und Zuwendung leicht entzogen und verweigert werden können. Diese Grundeinstellung findet sich bei Menschen, die in ihrer frühen Kindheit mit wenig Liebe ernährt wurden, oder bei solchen, die häufig ihren Wohnort und ihre gewohnte Umgebung wechseln mußten. In der heutigen Psychotherapie wird dieser Verhaltenskomplex als oraler Charakter beschrieben.

Menschen mit einem Ungleichgewicht des Elements Erde zeigen oft deutlich einen Mangel an Mitgefühl; sie scheinen wenig in Beziehung mit anderen zu treten, und die Angelegenheiten der anderen scheinen sie nicht sehr zu berühren. Hand in Hand damit geht oft eine kritische oder überkritische Haltung anderen gegenüber, wobei harte Urteile und geringe Toleranz die eigene Unsicherheit verbergen. Mit Hilfe ihrer kritischen Bemerkungen versuchen diese Menschen, ihre eigene Überlegenheit aufzubauen. Ein anderer Ausdruck einer geschwächten Erde ist Selbstmitleid und ständiges Jammern über die eigene Lage. Solche Menschen spielen oft den Märtyrer. Ein klassisches Beispiel dafür ist die Mutter, die sich für Mann und Kinder aufopfert und sich selbst nichts gönnt. Dafür kann sie weinerlich auf ihr Schicksal hinweisen.

Die Suche nach der fehlenden Sicherheit ist die treibende Kraft und hauptsächliche Beschäftigung von Menschen mit schwacher Erdung. Sie suchen diese Sicherheit im Essen oder im Rauchen oder sind überanhänglich, klammern sich an Liebesbeziehungen und suchen ständig die Sicherheit der Mutterliebe in der Partnerschaft. Oft verbergen sie ihre Angst vor Liebesverlust hinter einem romantischen Ideal von Liebe und Beziehung.

So wie die meisten Früchte im Nachsommer einen süßen Duft und Geschmack haben und die Natur Fülle und Überfluß zeigt, so hat ein Mensch mit einem gesunden Element Erde einen angenehm süßen Geruch und einen inneren Überfluß, aus dem heraus er geben und für andere sorgen kann. Ist die Erde jedoch krank, kommt es zu überschwenglichem Mitgefühl, zu einem ständigen Überschütten mit klebrigen Gefühlsbezeugungen und zu übertriebener Großzügigkeit, die danach sucht, den anderen von sich abhängig zu machen. Dieses Verhalten findet man oft bei Müttern, die ihre Kinder daran hindern, erwachsen zu werden, indem sie ihnen jede Entscheidung und Verantwortung abnehmen. Der zarte, leicht süße Duft der Erde wird bei solchen Menschen oft zuckersüß, unangenehm süßlich. Das natürliche Verlangen nach reifen Früchten und Getreide wird zur

Sucht nach Zuckerwaren. Die melodische, singende Qualität, die die Erde der Stimme gibt, wird zu einem weinerlichen, jammernden Singsang.

Nur wo innere Sicherheit ist und ein Sinn für sich selbst und die Realität, ist Fülle und Überfluß möglich. Nur wenn jemand diese Fülle hat, kann er andere lieben und für sie sorgen. Ohne diesen inneren Reichtum wird die angenehm süße Qualität der Erde zu einer äußeren Show, zu einer Maske über der eigenen Leere.

Der Elementargeist der Erde wird *I* genannt. Sein Wohnsitz sind Milz und Bauchspeicheldrüse, die Yin-Organe der Erde. Seine Qualitäten sind logisches Denken und rationaler Intellekt, die Fähigkeit, Kritik zu üben, das Nachdenken und ein gutes Gedächtnis, weiterhin das Sichsorgen, das Grübeln über vergangene Zeiten und das Schwelgen in Erinnerungen. Im geistigen Bereich drückt sich das Wirken der Erde in den gleichen Begriffen und Kategorien aus, die für die Zeit des Nachsommers kennzeichnend sind: Sammlung, Verarbeitung, Selektion, geistige Ernährung, das Sammeln von Wissen, das uns die Sicherheit gibt, mit schwierigen Lebenssituationen fertigzuwerden und zu überleben.

Auch in unserer Sprache ist dieser Zusammenhang noch vorhanden. Das Wort Intellekt kommt vom lateinischen Verbum *legere*, welches »lesen« und »sammeln« bedeutet. Die ursprüngliche Bedeutung des Wortes »lesen« ist »sammeln« und findet sich etwa in den Wörtern »Weinlese« und »auflesen«. Ein Intellektueller ist jemand, der viel liest, viel grübelt. Er sammelt die erhaltenen Informationen in seinem Gehirn, speichert und verarbeitet sie – sofern sein Geist genug Feuer, genug Eigenständigkeit hat, die

aufgelesenen Ideen verdauen und assimilieren zu können. Die Gier nach Wissen und nach den neuesten, eben erhältlichen Nachrichten, sowie die Lesesucht gehen auf eine Überfunktion der Milz zurück. Diese zeigt sich vor allem in der Anhäufung von Wissen über Detailbereiche des menschlichen Lebens, im Spezialistenwissen, das die größeren Zusammenhänge nicht mehr übersieht.

Ein *Shih*-Zustand der Milz findet sich auch bei Leuten, die nicht mehr aufhören können zu denken, die alles und jedes durchdenken und bedenken müssen, deren Geist ständig in einem inneren Monolog begriffen ist. Ein *Shih*-Zustand der Milz findet sich bei einseitigen Verfechtern von Wissenschaft und Vernunft, die jede andere Betrachtungsweise der Realität a priori und von Grund auf ablehnen und verurteilen. Solche Menschen versuchen, ihre mangelnde Erdverbundenheit dadurch zu kompensieren, daß sie sich im gedanklichen Bereich an die scheinbare Sicherheit der logischen Beweisbarkeit der Dinge klammern.

Andere Symptome einer Überfunktion der Milz sind zwanghafte Verhaltensweisen, fixe Ideen oder ein Spleen (*spleen* ist das englische Wort für Milz), Besessenheit und Sammelleidenschaft. Bei den verschiedenen Formen des Sammlertums kann man den Grad des Ungleichgewichts in der Erde oft gut erkennen, je nachdem, ob jemand nützliche und wertvolle Gegenstände – wie zum Beispiel Aquarelle oder Antiquitäten – sammelt oder völlig absurde Objekte, die zur fixen Idee geworden sind; ob jemand seine Sammlungen als Mittel benützt, um Anerkennung und Zuwendung und oft auch Kontakt zu bekommen – »Komm, ich zeige dir meine Briefmarkensammlung!« – oder ob er seine Sammlung zwanghaft um ihrer selbst willen betreiben muß.

Bei der Besessenheit kann man auch verschiedene Formen und Grade unterscheiden. In unserem Kulturkreis gibt es viele Menschen, die von einer Idee oder Lebensform besessen sind: von der Arbeit, von einem bestimmten Status und Wohlstand (mindestens zwei Autos – und die Möbel müssen vom Topdesigner sein, auch wenn die Kreditraten über fünf Jahre gehen), von der Macht, vom Erfolg und vom Geld. Im alten China verstand man unter Besessenheit häufiger das Besessensein von Geistern und Dämonen, doch handelt es sich im Grunde um das gleiche Phänomen: Eine Idee oder ein Dämon nehmen im Geist eines Menschen derartig überhand, daß dieser den Kontakt zu vielen Bereichen seiner Umwelt und seiner selbst – vor allem zu seinem Körper und zu seinen Gefühlen – in zunehmendem Maße verliert und blind wird für die Vielfalt des Lebens.

Jeder Mensch hat ein bestimmtes Kontingent an Elementenergien zur Verfügung, die sich auf der physischen, emotionalen und geistigen Ebene ausdrücken können. Verbraucht ein Mensch zum Beispiel einen Großteil seiner Erdkraft für Nahrungsaufnahme und Verdauung, wird ihm wenig Erdkraft zum Nachdenken zur Verfügung stehen. Verbraucht er einen Großteil der Erdkraft durch geistige Arbeit, wird ihm diese auf organischer und emotioneller Ebene fehlen: Er wird wenig Mitgefühl empfinden, da sein Geist so sehr mit anderen Dingen beschäftigt ist. Erkrankungen des Erdelements, wie zum Beispiel ein Magengeschwür, Menstruationsbeschwerden, Allergien oder Stoffwechselstörungen, können die Folge sein.

Dem Yin-Organ der Erde entsprechen mehrere Organe und Gewebe der westlichen Medizin: der exokrine Anteil des Pankreas (der Bauchspeicheldrüse) und das reticulo-endotheliale System, kurz RES genannt.

Der exokrine Teil des Pankreas bildet den Bauchspeichel, dessen Aufgabe es ist, den sauren Magensaft zu neutralisieren und die in Mund und Magen begonnene Verdauung zu Ende zu führen. Er enthält Enzymvorstufen für den Eiweiß-, Fett- und Kohlehydratabbau, die im Zwölffingerdarm und Dünndarm zu hochwirksamen Enzymen aktiviert werden. In der chinesischen Tradition werden der Zwölffingerdarm und der Anfangsteil des Dünndarms (die ersten fünfzehn Zentimeter) zum Magen gezählt. Das ist insofern bedeutsam, da im Anfangsteil des Dünndarms ein Großteil der Resorption der Nährstoffe erfolgt und man aus dieser Tatsache verstehen kann, warum die Chinesen die Verdauung und Ernährung des Körpers fast ganz den Erdorganen zuschreiben und nur in geringem Maße dem Dünndarm.

Das RES ist ein Netzwerk von retikulärem Bindegewebe und Endothelien, das den ganzen Körper durchzieht. Zum einen Teil besteht es aus den lymphatischen Geweben und Organen: den Lymphgefäßen, Lymphknoten, der Milz, den Mandeln, dem Appendix des Blinddarms und dem Thymus. Zum anderen Teil wird das RES vom roten blutbildenden Knochenmark gebildet, von den Kupfferschen Sternzellen der Leber und dem Darmschleimhaut-Bindegewebe mit seinen zahlreichen Lymphfollikeln.

Die wesentlichen Aufgaben des Lymphsystems können so zusammengefaßt werden:

1. Entwässerung: Abtransport von »überflüssi-

gem« Wasser aus dem Gewebe zurück ins Blut.

2. Aufnahme von Fettsubstanzen aus dem Darm in die Darmlymphgefäße.
3. Bildung von Lymphozyten, die eine wichtige Rolle in der körpereigenen Abwehr spielen.
4. Speicherung und Abbau von Erythrozyten in der roten Milzpulpa.

Faßt man die eben beschriebenen Funktionen des Pankreas und des RES zusammen, ergibt sich ein klares Bild der Funktionen der Erde. Nach der traditionellen Vorstellung ist die »Milz« das Mutterorgan des physischen Körpers. Die Milz reguliert die Verteilung von Wasser und Blut. Sie ist der Ernährer des Körpers. Die der Erde zugeordneten Gewebe sind die Binde- und Fettgewebe und die Muskelfaszien. Ihr Yang-Organ ist der »Magen«, ihr Sinnesorgan der Mund, insbesondere die Lippen und die Mundhöhle. Sie kommuniziert mit der Umwelt durch Schmecken und Berühren. Die ihr zugeordneten Körperflüssigkeiten sind Speichel und Lymphe.

Auf der somatischen Ebene können die traditionellen Funktionen der Erde mit denen der ihr entsprechenden Organe und Gewebe nach westlicher Auffassung leicht verglichen werden; sie entsprechen sich weitgehend. Hier wie dort geht es um Ernährung, Aufbau und Erhaltung des Körpers. Der Begriff Ernährung bezieht sich nicht nur auf die Versorgung jeder einzelnen Körperzelle mit den benötigten Nährstoffen, sondern auch auf die durch die roten Blutkörperchen erfolgende Versorgung mit Sauerstoff. »Die Milz reguliert das Blut.« Das der Milz zugeordnete rote Knochenmark bildet die Erythrozyten. Die Erhaltung des Körpers und seiner Funktionen erfolgt sowohl durch die Verteilung der Nährstoffe als auch durch die Arbeit des Immunsystems, dessen verschiedene Komponenten der »Milz« angehören.

Aus dieser Zusammenstellung wird die klinische Bedeutung des Milz-Pankreas- und des Magen-Meridians ersichtlich. Ihr Anwendungsbereich umfaßt Erkrankungen des Verdauungssystems, wie Gastritis, Magen- und Zwölffingerdarmgeschwüre, Sodbrennen, unvollständige Verdauung, Pankreatitis, Durchfälle und Verstopfung; weiterhin Erkrankungen des Immunsystems, wie Allergien, Autoimmunerkrankungen (an ihrem Zustandekommen ist meist auch das Element Holz stark beteiligt), Immunschwäche und Infektanfälligkeit; dann (»die Milz reguliert das Blut«) Menstruationsbeschwerden und Schmerzen und Schwellung der Brüste, vor allem in Zusammenhang mit der Regel, sowie Entzündungen der Brustdrüse und Laktationsstörungen (die Brüste sind dem Element Erde zugeordnet); Unfruchtbarkeit; Hauterkrankungen (»die Milz reguliert den Tonus der Haut«) sowie Ödeme, Schwellungen und Aszites (»die Milz reguliert die Verteilung von Wasser«); schließlich Erkrankungen der Lymphknoten und Lymphgefäße.

Auch Störungen der Rhythmik im menschlichen Organismus weisen auf ein Ungleichgewicht im Element Erde hin. Die Rhythmen von Schlafen und Wachen, von Appetit und Verdauung, der Atemrhythmus, der Zyklus der Menstruation und die Rhythmen von physischer, seelischer und geistiger Aktivität werden durch die Umdrehung der Erde um ihre Achse bestimmt. Sie folgen dem durch sie erzeugten Rhythmus von Tag und Nacht, dem Zyklus des Monds und der Gezeiten und dem Wechsel der

Jahreszeiten. Da der Mond in so enger Verbindung mit der Rhythmik der Erde steht, wird er in vielen Kulturen dem Element Erde zugeordnet und als das Symbol der Fruchtbarkeit und des Gebärens angesehen. Oft wird er allerdings auch dem Wasser zugeordnet, da sein Umlauf die Gezeiten bewirkt.

Die Erde hat im Denken der Chinesen eine zentrale Rolle. In den ursprünglichen Diagrammen der fünf Elemente wurde die Erde als das zentrale Element dargestellt, um das sich Wasser und Holz, Feuer und Metall den vier Himmelsrichtungen entsprechend anordneten. Im alten China gab es medizinische und spirituelle Schulen, deren Grundausrichtung darin bestand, jegliche körperliche oder seelische Beschwerden über das Element Erde zu behandeln und ins Gleichgewicht zu bringen. Sie erreichten dies durch ein großes praktisches Wisen über die Elementkräfte in den verschiedenen Nahrungsmitteln, durch die Verwendung von Kräutern und Kräuterextrakten, durch Massage und Akupunktur der Meridiane des Magens und des Milz-Pankreas und durch spezielle geistige und körperliche Übungen zur Stärkung der Erdkraft im Gemüt. Das mag einen Hinweis darauf geben, wie sehr die Erde im Land der Mitte verehrt und geschätzt wurde.

Unsere Sprache kennt viele Redensarten, die unsere Verbindung mit der Erde ausdrücken, wie zum Beispiel »mit beiden Beinen auf der Erde stehen«, »die Mutter Erde«, »den Boden unter den Füßen verlieren«, »die Aufregung schlägt mir auf den Magen« und anderes mehr. Die Erde ist unsere zentrale physische Realität von dem Augenblick an, in dem unser Leben im Mutterleib beginnt, bis hin zu dem Moment, in dem wir selber wieder zu Erde werden. Unser Realitätssinn stützt sich auf die Stärke des Erdelementes in uns. Wie wir auftreten, ob wir mit beiden Beinen im Leben stehen, ob wir uns in diesem Leben zu Hause und geborgen fühlen, ob wir uns im großen und ganzen wohl in unserer Haut fühlen und ob unsere Ausstrahlung und unser Aussehen gesund und vital sind – all dies hängt von unserer Verbindung mit der Erde ab.

Geistige und körperliche Übungen,
um die Erde zu stärken

Klärende Fragen

Du gehst vor wie beim Element Holz.

– Fühle ich mich meist wohl in meiner Umgebung?
– Fühle ich mich wohl in meiner Haut?
– Fühle ich mich von den Menschen in meiner Umgebung im großen und ganzen geliebt und akzeptiert?
– Oder fühle ich mich wenig geliebt und häufig mißverstanden?
– Bekomme ich die Zuwendung, die ich mir wünsche?
– Bin ich ein mitfühlender Mensch?
– Kommen andere zu mir und erzählen mir ihre Sorgen und Nöte?
– Oder bin ich meist mit meinen eigenen Angelegenheiten beschäftigt?
– Bin ich eher gutmütig als fordernd?
– Bin ich in der Liebe besitzergreifend? Habe ich feste Vorstellungen davon, wie die Beziehung zu meinem Partner sein soll?
– Versuche ich, meinen Partner zu kontrollieren oder seine Neigungen zu ändern?
– Kann ich ihn so lassen, wie er ist?
– Kann ich mich an ihm freuen, wie er ist?
– Habe ich eine gesunde, kräftige Natur –, oder bin ich häufig krank?
– Habe ich einen festen Schlaf, einen gesunden Appetit und ein blühendes Aussehen?
– Esse ich gern und mit Genuß?
– Beschäftige ich mich viel mit Ernährungslehren und Diät?

– Nehme ich die Mahlzeiten eher regelmäßig ein?
– Habe ich nach dem Essen manchmal ein Völlegefühl im Bauch?
– Bin ich mir selbst oder anderen gegenüber sehr kritisch?
– Habe ich ein bestimmtes Wertsystem, nach dem ich die anderen Menschen beurteile?
– Bin ich sehr darauf bedacht, die sozialen Normen einzuhalten?
– Verurteile ich andere, die sich weniger – oder mehr – an die gesellschaftlichen Spielregeln halten als ich?
– Habe ich meist genug Geld, um mir meine Wünsche zu erfüllen?
– Bin ich verschuldet? Lebe ich von geborgter Erde?
– Habe ich ein gutes Gedächtnis?
– Lese ich gern/fast gar nicht/sehr viel?
– Was bedeutet »midlife crisis« für mich?
– Was für Erfahrungen/Erwartungen habe ich in bezug auf die »Mitte des Lebens«?

Sich erden

Am besten ist es, diese Übung am Waldboden, auf einer Wiese oder am Strand zu machen. Es geht aber auch auf einer Decke in deinem Zimmer. Eine gute Zeit dafür ist der Nachmittag und der frühe Abend.

Lege dich ausgestreckt auf den Bauch und dehne deinen Körper, räkle dich wie eine Katze. Dann laß dich in den Boden sinken. Stell dir vor, du seist aus Erde, schwer und ruhig.

Bleibe mindestens fünfzehn Minuten lang in dieser Stellung. Um deine Gedanken zu konzentrieren, verwende das Mantra »I«. Wenn du die Kraft deines Hara stärken möchtest, lege einen Tennisball unter deinen Bauch, zwei Fingerbreit unterhalb deines Nabels. Laß den Bauch mit jedem Atemzug mehr entspannen.

Mitgefühl

Suche jemanden in deiner Umgebung, der Zuwendung braucht. Nimm dir zwei Stunden Zeit, um für ihn/sie da zu sein. Finde heraus, was diesem Menschen Freude bereitet und was er braucht.

Bewußte Ernährung

Bereite dir eine Woche lang deine Mahlzeiten selber zu. Bereite dir eine Nahrung, die gut schmeckt, gut verdaulich ist und dir Kraft gibt. Sei ein Genießer! Lade öfters jemanden zum Essen ein.

Die Meridiane von Magen und Milz

Das Erde-Yang: Der Magen

Die Körperhaltung des Erde-Yang

Die Körperhaltung symbolisiert den Kreis, das in sich Geschlossene, das in sich Ruhende – die Erde.

Nimm diese Haltung eine Minute lang ein und atme dabei regelmäßig durch den leicht geöffneten Mund. Achte darauf, daß die Handfläche der oberen Hand nach oben weist und die Handfläche der unteren nach unten. Visualisiere den Magenmeridian zuerst nur auf der rechten Seite, auf der Seite des erhobenen Armes. Die Energie fließt in ihm von einem Punkt unterhalb des Auges abwärts über das Gesicht und den Hals bis zum Schlüsselbein, dann das Schlüsselbein nach außen und wieder abwärts über die Brust (die Brustwarze) und den Bauch bis zum Schambein, dann wieder nach außen und die Vorderseite des Beines hinab bis zur zweiten Zehe. Stell dir dabei einen gelben Energiefluß vor, der von deinem Kopf über den rechten Fuß in den Boden fließt und der dich den Boden unter deinen Füßen stärker fühlen läßt.

Strecke danach die obere Hand mit dem Ausatmen möglichst weit nach oben und die untere nach unten. Nimm dann die Haltung für die linke Seite ein und visualisiere den linken Magenmeridian.

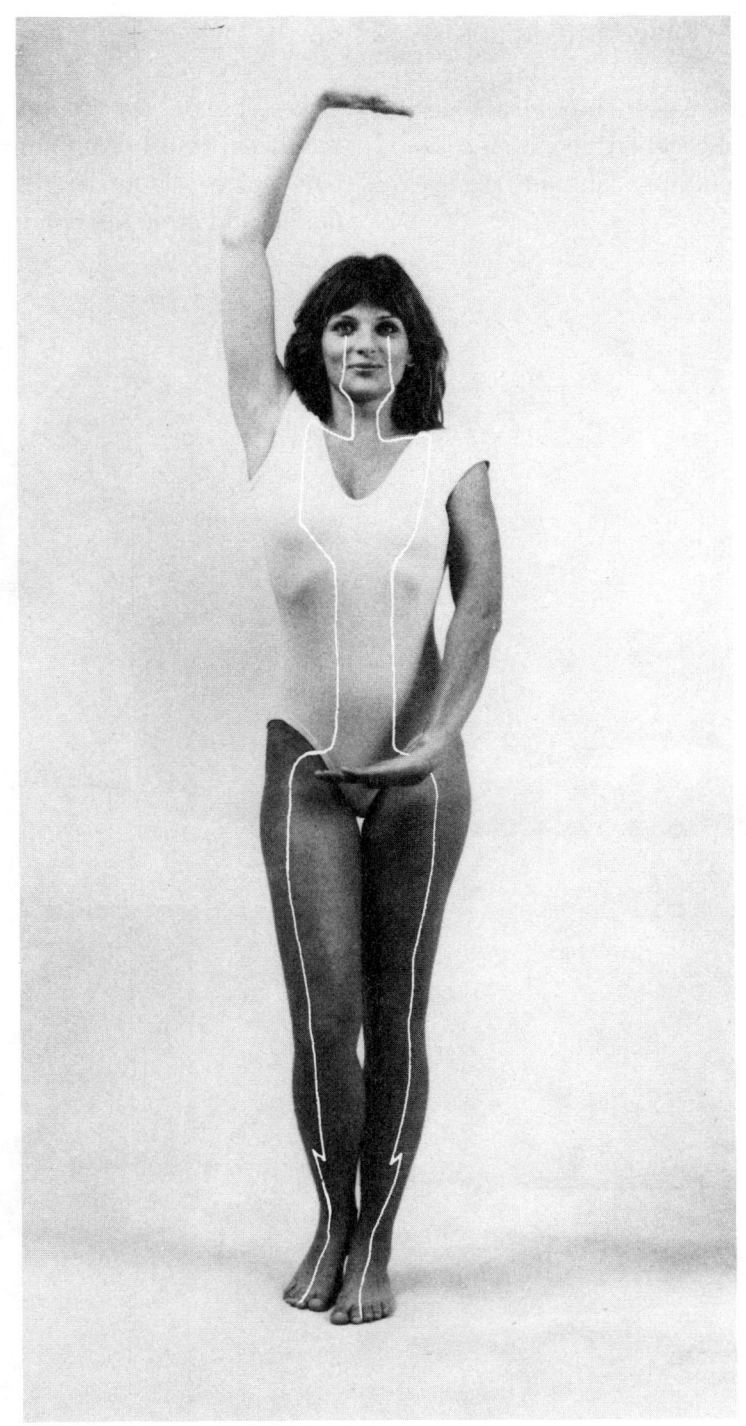

Die Aktivierung des Magenmeridians

Setze dich mit angewinkelten Beinen auf den Boden, so daß die Füße neben den Hüften liegen. Laß deinen Oberkörper langsam zurücksinken, bis du die Spannung in deinen Oberschenkeln spürst. Wenn es dir möglich ist, liege eine halbe Minute lang mit dem Rücken am Boden und atme tief ein und aus.

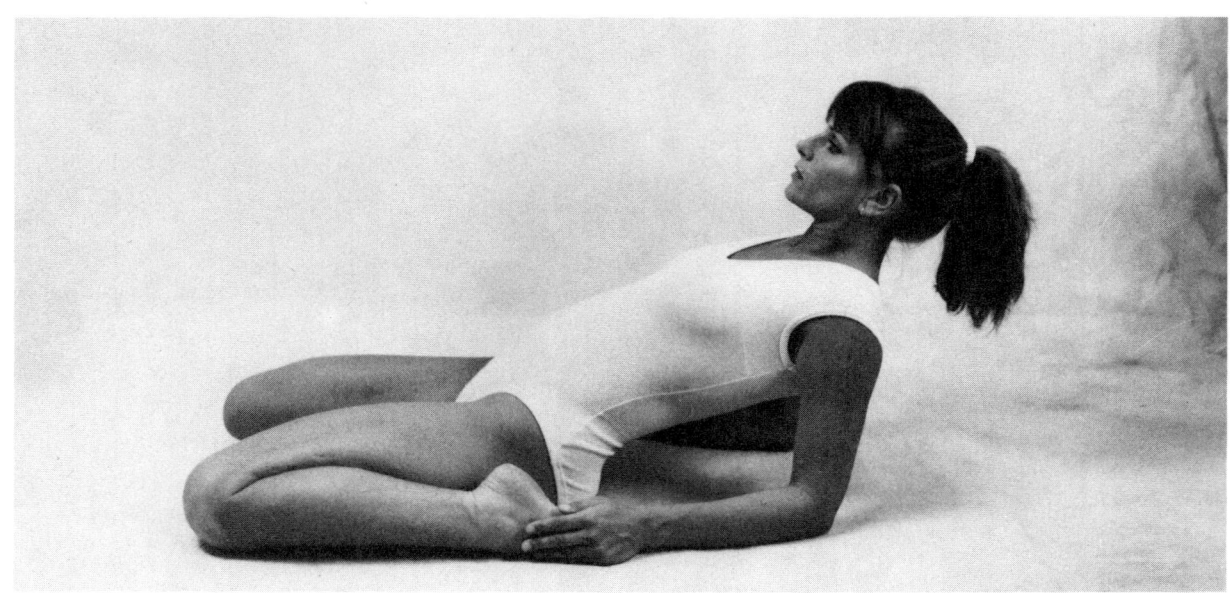

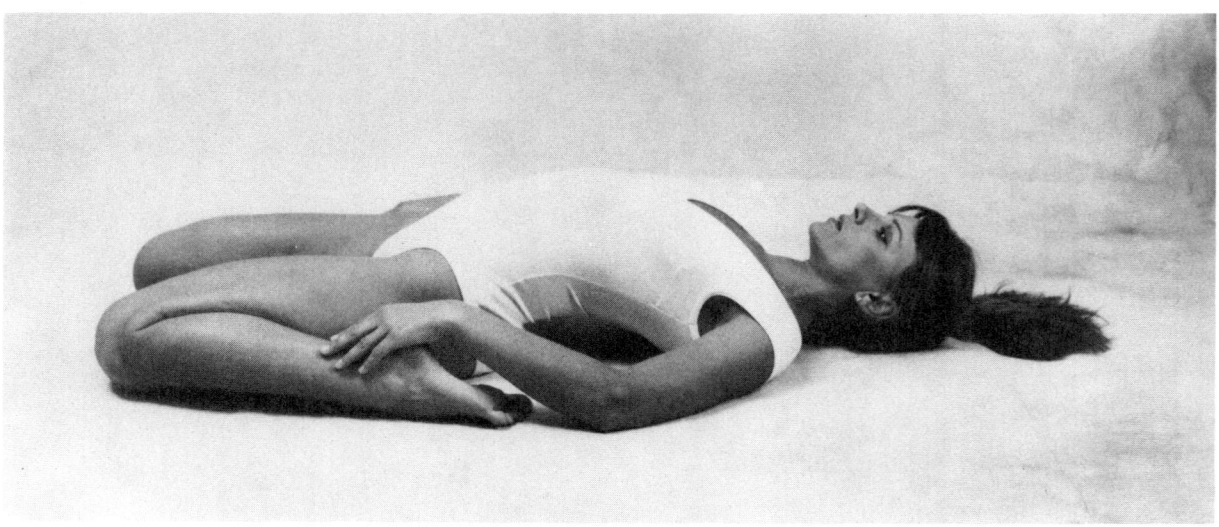

Die Körperhaltung des Erde-Yin

Die Körperhaltung versinnbildlicht Sicherheit, Erdnähe und Stabilität – wesentliche Qualitäten der Milzenergie.

Nimm diese Haltung mindestens eine Minute lang ein. Wähle den Abstand der Füße weit genug, so daß du dein Becken in dieser Stellung bequem sinken lassen kannst. Atme regelmäßig durch den leicht geöffneten Mund. Drehe langsam den Rumpf zur rechten Seite, dann zur linken, dann wieder zur rechten und so fort.

Während du den Rumpf zur rechten Seite drehst, visualisiere den linken Milzmeridian mit

dem Einatmen. Drehe den Rumpf mit dem Ausatmen zurück. Visualisiere den rechten Milzmeridian mit dem Einatmen, während du dich zur linken Seite drehst.

Das *Ch'i* fließt in diesem Meridian von der großen Zehe aufwärts über die Innenseite des Beines zur Leistenbeuge und zum Bauch, von da weiter zur Brust bis fast zur Achselhöhle. Dann läuft der Meridian ein kurzes Stück die Flanke hinab bis zu seinem Endpunkt auf der Höhe der Brustwarzen. Stell dir vor, daß du das *Ch'i* bei jedem Einatmen den Meridian entlang bis zu seinem Endpunkt hinaufziehst.

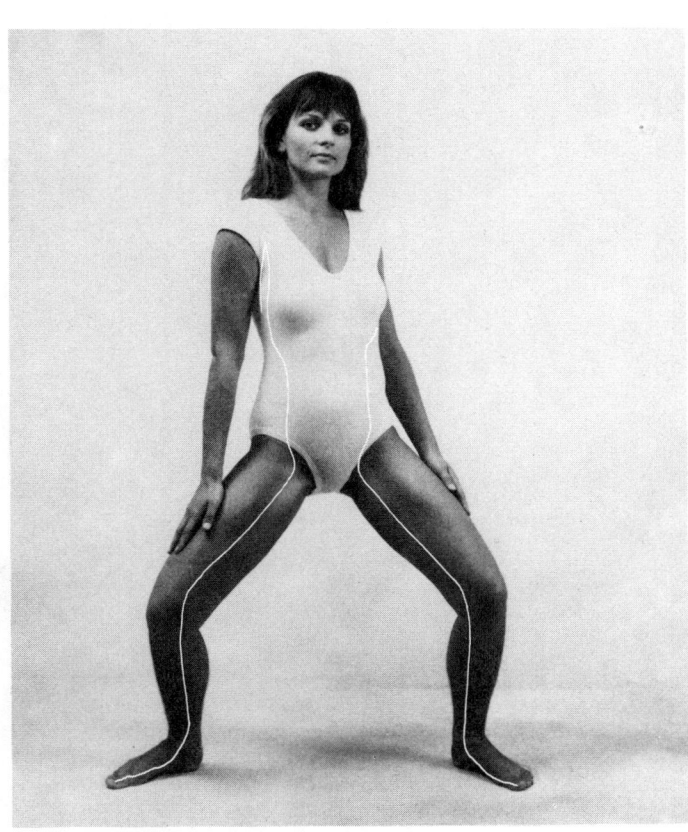

Die Aktivierung des Milzmeridians

1. Liege in Bauchlage und lege die Arme unter deinen Körper, so daß die Fäuste unter den Leisten liegen.
2. Atme ein und hebe die gestreckten Beine so weit wie möglich vom Boden weg. Laß die Beine eine halbe Minute lang in dieser Stellung. Atme dabei tief ein und aus.
3. Laß die Beine mit dem Ausatmen langsam zu Boden sinken und die Arme neben deinem Körper entspannen. Achte darauf, daß keine Spannung im Kreuz zurückbleibt.
4. Liege noch eine Minute in Bauchlage und stell dir die Farbe Gelb in deinem ganzen Körper vor.

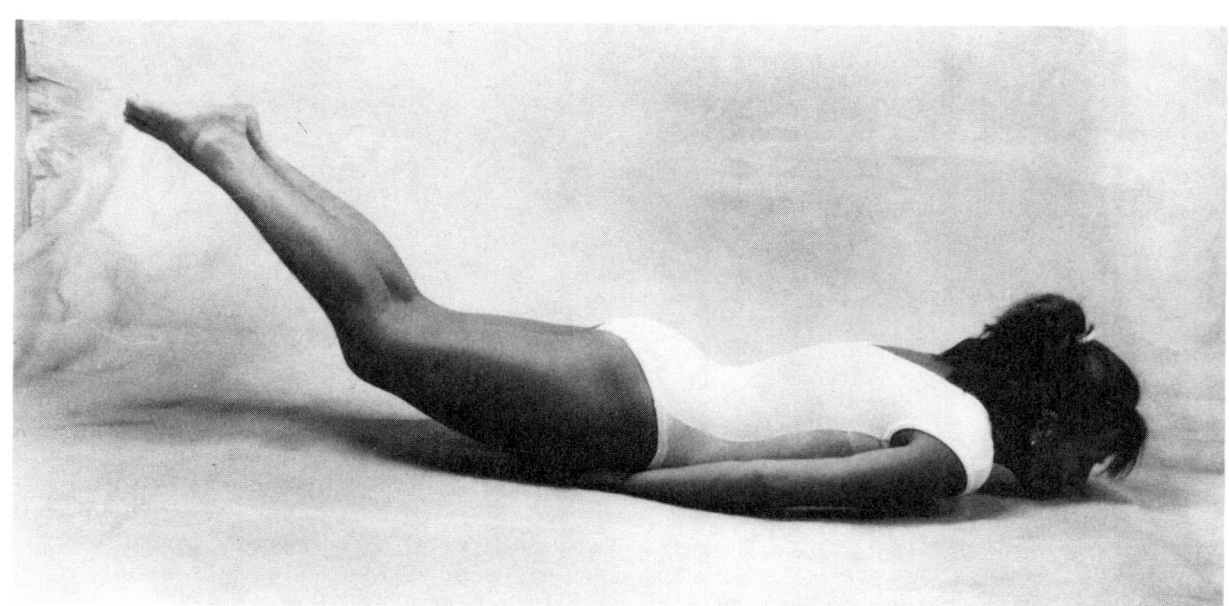

Das Element Metall

Die Jahreszeit des Metalls ist der Herbst, eine Zeit der späten Reife und Ernte, eine Zeit des Abschiednehmens von der Wärme des Sommers und den angenehmen Tagen des Nachsommers. Das dem Metall zugeordnete Grundgefühl ist die Trauer. Die Tage werden kürzer und kälter, und Pflanzen, Tiere und Menschen beginnen, sich in sich selbst zurückzuziehen. Diese Tatsache verdeutlicht den Kernbegriff des Metalls: Kondensation und Konzentration; die Kräfte gehen nach innen. Die Kraft der Konzentration ist der expansiven Kraft des Frühlings, des Holzes, genau entgegengesetzt. So wie das Holz das junge Yang genannt wird, verkörpert das Metall das junge Yin. Seine Himmelsrichtung ist der Westen, sein Klima ist trocken, seine Tageszeit ist der Abend.

Die vier Elemente der abendländischen Tradition sind Feuer, Erde, Wasser und Luft. In der altgriechischen Kultur gab es ursprünglich ein fünftes Element, den Geist oder Äther, dessen Kennzeichen sich nicht nur im Holz und Feuer, sondern auch im Metall wiederfinden. Das Metall entspricht im großen und ganzen dem griechischen Element Luft, hat aber noch eine zusätzliche, erweiterte Bedeutung. Die Namen mancher Punkte auf dem Lungenmeridian zeigen den Bezug zur Luft an – zum Beispiel Lunge 2, das Wolkentor, und Lunge 3, Palast des Himmels –, aber die Bedeutungen der meisten Namen gehen tiefer, denn die Essenz des Elements Metall ist Struktur, Entfernung, Tiefe und Dimension. Das drückt sich in Namen wie großer Abgrund, gebogener Graben, seitlicher Verlauf, geschlossenes Tal und fischähnliche Grenze aus. Das Metall versinnbildlicht eine unterstützende und erhaltende Energie, eine konzentrierte Kraft, eine Essenz, die das Universum zusammenhält. Sie erinnert an Kraftlinien und Kraftplätze der Erde, an unsichtbare, jedoch spürbare Energiefelder auf diesem Planeten, die in alten Kulturen durch besondere Bauwerke wie die Cheopspyramide oder Stonehenge markiert und rituell verwendet wurden.

Um zu konkretisieren, was mit Essenz gemeint ist, möchte ich hinzufügen, daß dem Metall die Spurenelemente und Mineralien der Erde zugeordnet sind, ohne die Wachstum unmöglich ist und ohne die die Erde keine Nahrung hervorbringen kann. Die Erde ist die Mutter; das Metall ist der Vater, der für Struktur, Unterstützung und Konzentration auf das Wesentliche sorgt. Treffen diese beiden zusammen, entsteht die Möglichkeit von Geburt und Wachstum im Sinne des Elements Holz.

Das Yin-Organ des Metalls ist die Lunge, das Yang-Organ der Dickdarm. In der chinesischen

Tradition wurde die Lunge mit dem ersten Minister eines Staates verglichen, der der oberste Hohepriester war und sakrale Funktionen erfüllte, die für die Aufrechterhaltung der Ordnung im Gemeinwesen nötig waren. Die Lunge »empfängt die Lebenskraft, das Ch'i des Himmels«; der Dickdarm ist »der Ausscheider von Abfall«. Daraus werden die beiden grundsätzlichen Funktionen des Elements Metall ersichtlich: Aufnehmen und Abgeben, die grundsätzlichen Formen von Energieaustausch mit unserer Umwelt.

Die Lunge empfängt das Ch'i des Himmels. In der Hindutradition wird die Essenz des Atems als die Lebenskraft oder das Prana bezeichnet, ein Begriff, der dem chinesischen Ch'i entspricht. Wilhelm Reich hat diese Lebensenergie in seinen Forschungen entdeckt und sie Orgon genannt. Die moderne Teilchenphysik kennt sie unter dem Begriff des Quantenfeldes.

Die meisten spirituellen Traditionen benutzen die Konzentration auf die Atmung und die Lenkung der Atemenergie im Organismus als Technik der Meditation. Für sie ist der Atem unsere Verbindung mit dem Universum und sein bewußter Gebrauch ein Mittel, mit Himmel und Erde in Harmonie zu leben. Als Grund hierfür wird immer wieder angeführt, daß die Atmung eine Mittlerstellung zwischen unserem bewußten und unbewußten Leben einnimmt. Der Atemrhythmus wird einerseits von Zentren des autonomen Nervensystems gesteuert, kann aber von jedermann bewußt gelenkt werden. Dadurch ist die Atmung der erste, wichtigste Schritt zur Bewußtwerdung der bei den meisten Menschen unbewußt ablaufenden Funktionen der inneren Organe.

Mit jedem Ausatmen erfüllt die Lunge die wichtigste Ausscheidungsfunktion des Körpers: die Abgabe von Kohlendioxyd, welches bei der inneren Verbrennung und Energiegewinnung entsteht. Ausatmen bedeutet die Befreiung von Giftstoffen und die Schaffung von Raum für neue Energiegewinnung. In vereinfachter Form kann man zwei gegensätzliche Atmungstypen unterscheiden. Die einen atmen zuviel ein und zu wenig aus. Sie stolzieren mit aufgeblähtem Brustkorb durch die Welt, halten fest, was sie haben, und sind wenig imstande, loszulassen und sich zu entspannen. Die anderen atmen mehr aus als ein. Ihr Brustkorb ist zusammengefallen, sie leiden an ständigem Kraft- und Energiemangel und sehen permanent bedürftig aus, obwohl sie den Sauerstoff vor ihrer Nase haben.

Die Doppelfunktion der Atmung, die energetische Aufladung und Entladung, ist ein Prinzip, das sich überall im Kosmos wiederfindet. Es ist das Prinzip des Pulsierens, des Wechsels von Ausdehnung und Zusammenziehung. Dieses Prinzip findet sich im Verhalten von Galaxien ebenso wie in dem von Amöben und anderen einzelligen Organismen. Es ist nur ein scheinbarer Widerspruch, daß die Grundbewegung des Metalls die Konzentration ist. Erst durch den rhythmischen Wechsel von Anspannung und Entspannung ist eine konzentrierte Kraftentfaltung möglich. Rhythmus ist ein Grundbegriff des Metalls. Eine rhythmische, sich voll entfaltende Atmung macht das Pulsieren des Lebens in uns erst möglich und gibt uns die Kraft, mit unserer Umwelt in Verbindung zu bleiben.

Aus dem bisher Gesagten wird verständlich, daß das Element Metall für unsere Beziehung zum Universum steht, für den »Draht zum Himmel«. Die komplementären Fähigkeiten des Aufnehmens und Ausscheidens/Loslassens bilden die Basis der geistigen und körperlichen Gesundheit. Wenn die Fähigkeit, aufzunehmen, schlecht entwickelt ist, wird der Organismus Mangel leiden, abgeschnitten sein. Wenn die Fähigkeit loszulassen nicht ausgebildet ist, wird der Organismus verstopft sein und stagnieren.

Ein Hinweis auf ein Ungleichgewicht im Metall ist ein Mangel an Verbundenheit mit der Umgebung. Solche Menschen sind oft einsam und zurückgezogen. Sie wirken hart, kalt, von ihrer Umgebung isoliert und zeigen wenig Gefühl. Andere sind ehrgeizig, haben hohe Ideale und streben nach etwas, was sie nie bekommen. Wieder andere sind auf eine starre und dogmatische Art religiös. Sie haben eine große Sehnsucht nach dem Himmel. Sie kennen viele Techniken, sich zu reinigen und versuchen, andere zu einem reinen Leben und zu ihren hohen Idealen zu bekehren, sind aber selbst unfähig, sich genug gehenzulassen, um die spirituelle Qualität empfangen zu können, die die Essenz des Metalls ist. Dieses Verhalten wird verständlich, wenn man bedenkt, daß Lunge und Dickdarm die wichtigsten Ausscheidungssysteme des Körpers bilden und daß bei ungenügender Ausscheidung und flacher Atmung die Sehnsucht nach innerlicher und äußerlicher Reinigung sehr groß wird. Sauberkeits- und Hygienefanatiker, extreme Makrobioten wie religiöse Dogmatiker kompensieren mit ihrem Verhalten meist eine Störung im Metall.

In einfachen bäuerlichen Gemeinschaften machen sich die Menschen im Herbst Gedanken darüber, wie sie den Winter überstehen werden. An düsteren Tagen mag sie eine Sorge um die Zukunft begleiten. Ein Ungleichgewicht im Metall eines Menschen zeigt sich dementsprechend auch, wenn er sich übermäßige Sorgen um seine persönliche Zukunft macht – oder auch um die Zukunft der Menschheit im allgemeinen. Bei einer Störung im Metall findet man oft eine pessimistische Grundeinstellung dem Leben gegenüber, eine Hoffnungslosigkeit. Ist das Metall jedoch gesund, herrschen Vertrauen in das Leben, Optimismus und eine positive Einschätzung der Zukunft.

Das dem Herbst entsprechende Gefühl ist die Traurigkeit. Es ist die Traurigkeit, die uns erfüllt, wenn wir Abschied von etwas nehmen müssen, das uns lieb und teuer geworden ist. Man findet diese Traurigkeit vermehrt bei Menschen, die nicht Abschied nehmen können von etwas, was unwiderruflich vorbei ist. Eine allgemeine Traurigkeit kann aber auch aus einem Mangel an Verbundenheit mit der Welt entstehen oder aus einem Mangel an Lebenskraft und Vitalität, einem Mangel an *Ch'i*. Zuletzt gibt es auch eine Traurigkeit über die Dinge, die nicht geschehen sind, eine Traurigkeit, die uns befällt, wenn wir erkennen, daß wir unsere Chancen nicht genutzt haben.

Das dem Metall entsprechende Gewebe ist die Haut. Auch hier kann man die Grundprinzipien dieses Elements erkennen. Die Haut ist ein wichtiges Ausscheidungs- und Atmungsorgan. Über sie sind wir ständig mit unserer Umgebung in Kontakt. Auf die Ansammlung von Schlackenstoffen reagiert sie sehr sensibel mit verschiedenen Hauterkrankungen und auf manche Umweltreize mit Allergien. Wir zeigen unsere Haltung anderen Menschen gegenüber, indem wir uns von ihnen berühren lassen – oder indem wir eine Berührung vermeiden. Wir sind solange mit der Natur in Kontakt, als wir es genießen, die Kühle des Wassers und des Windes, die Wärme der Sonne, die Weichheit oder Rissigkeit der Erde und die Sanftheit der Blätter und Pflanzen auf unserer Haut zu spüren.

Das Sinnesorgan des Metalls ist die Nase. Ein fehlender oder stark eingeschränkter Geruchssinn deutet auf eine Störung des Metalls hin. Das Riechvermögen hängt eng mit dem Elementargeist des Metalls zusammen, der *P'o* genannt wird. Mit *P'o* bezeichnen die Chinesen den tierischen Instinkt in uns, der uns Gefahren wittern läßt, der uns erspüren läßt, wie andere Menschen über uns denken und fühlen, und der uns Geschehnisse erahnen läßt, die noch in der Zukunft liegen. Der Geruchssinn ermöglicht uns zu unterscheiden, welche Nahrungsmittel, welche Umgebung und welche Menschen für uns gut oder schlecht sind. Er läßt uns die verschiedenen Essenzen von Blüten und Pflanzen unterscheiden. Wir lehnen einen anderen Menschen instinktiv ab, wenn wir »ihn nicht riechen können«, oder wir fühlen uns zu ihm hingezogen, wenn sein Geruch uns angenehm ist, sein Duft uns betört.

Dem Metall ist die Farbe Weiß zugeordnet. Eine weiße Gesichtsfarbe drückt meist das Fehlen des Feuerelements in einer Persönlichkeit aus, das Fehlen von Wärme. Für das Metall ist das Streben nach geistiger Qualität kennzeichnend, jedoch wird bei einem Mangel an Feuer oft eine rigide Haltung daraus, ein intoleranter Puritanismus und religiöser Fanatismus. Dieser Art von Spiritualität fehlt die Begeisterungsfähigkeit, Wärme und Spontaneität, die für Religiosität im ursprünglichen Sinne typisch ist.

Es scheint schwierig zu sein, die Kraft des Metalls zu leben. Einerseits ist das Wesen des Metalls die Konzentration, das Abschiednehmen, die Trauer und der Rückzug nach innen, der Rückzug aus der Welt, andererseits die Verbindung mit unserer Umgebung, die Verbindung mit der Lebensenergie, die Verbindung mit dem Himmel. Oft müssen wir uns zurückziehen, um einer tieferen Verbundenheit gewahr zu werden, die im Alltäglichen nicht sichtbar, nicht mehr spürbar ist. Nur wenn wir das loslassen, was gewesen ist, kann der Kreis geschlossen werden. Nur wenn wir loslassen, kann ein Raum entstehen, in dem das Alte sterben und das Neue geboren werden kann. Es gilt, das Beiwerk auszuscheiden, so daß die Essenz sich zeigen kann. Es gilt, Abschied zu nehmen ohne aufzugeben, ohne das Vertrauen zu verlieren. So wird der Rückzug aus der Welt ein Rückzug in die wesentliche Welt.

Geistige und körperliche Übungen, um das Metall zu veredeln

Klärende Fragen

Gehe vor wie beim Element Holz.

- Wie fühle ich mich im Herbst?
- Wie nehme ich Abschied von Menschen oder Dingen, die mir lieb und wert geworden sind?
- Wann habe ich das letzte Mal tiefe Trauer empfunden?
- Wann habe ich das letzte Mal geweint?
- Kann ich loslassen, was unwiderruflich vorbei ist, und mich keinen falschen Hoffnungen hingeben?

— Habe ich einen Sinn für das Wesentliche in meinem Leben und bei der Beurteilung anderer Menschen?
— Kann ich »riechen«, wenn eine Spannung oder eine Gefahr in der Luft liegt?
— Nehme ich viele verschiedene Gerüche wahr?
— Bin ich oft verkühlt? Habe ich eine chronische Nebenhöhlenentzündung/häufig Bronchitis?
— Hatte ich je eine Lungenentzündung?
— Komme ich bei Anstrengungen leicht außer Atem?
— Habe ich häufig Verstopfung/Durchfall?
— Habe ich eine gesunde, reine Haut?
— Bin ich eher optimistisch oder pessimistisch?
— Schaue ich meiner Zukunft mit einem eher guten oder schlechten Grundgefühl entgegen?

Atemrhythmus und Persönlichkeit

Tanze eine Viertelstunde lang zu einer Musik, die dir gefällt. Dann lege dich ausgestreckt auf den Rücken. Beobachte deinen natürlichen Atemrhythmus, ohne ihn in irgendeiner Weise zu beeinflussen. Stelle fest, zu welchem Atmungstypus du gehörst. Atmest du mehr aus als ein, hast du einen eher eingesunkenen, flachen Brustkorb? Oder atmest du mehr ein, verharrst im Zustand der Einatmung und hast einen eher gewölbten, aufgeblähten Brustkorb? Oder halten sich Ein- und Ausatmung bei dir die Waage?

Atmungstyp I (Tendenz zur Ausatmung):

Bei dieser Atmung geht dir leicht die Kraft aus, es fehlt dir an Durchhaltevermögen. Dieser Atmungstyp entspricht einer Grundhaltung der Bedürftigkeit — so subtil sich diese in deiner Persönlichkeit auch auswirken mag. Meist wird diese Bedürftigkeit durch besondere Leistungen oder brillante Fähigkeiten kompensiert und häufig durch den Gebrauch von Nikotin, Kaffee und anderen Aufputschmitteln maskiert. Dennoch prägt sie das Grundgefühl deines Lebens.

Eine grundsätzliche Veränderung ist nur im Zusammenwirken mit einem veränderten Atemrhythmus zu erreichen. Die Atmung bildet die Grundlage deines Lebens. Die Qualität deiner Atmung bestimmt die Qualität deiner Handlungen und deines Erlebens, die Qualität deiner Gedanken und Stimmungen.

Sei dir klar darüber, daß eine grundsätzliche Veränderung deines Atemrhythmus eine einschneidende Wandlung deines Lebensgefühls bedeutet. Neue Lebensmöglichkeiten werden sich ergeben, von denen du vielleicht geträumt hast, die du aber nicht verwirklichen konntest. Perspektiven werden sich dir eröffnen, von denen du nicht einmal geahnt hast, daß sie existieren. Aber Vorsicht! Entsprechend groß werden deine inneren Widerstände sein, die folgende Übung *regelmäßig* durchzuführen — denn das Unbekannte, und mag es noch so verheißungsvoll aussehen, macht uns Angst.

Das Ziel der Übung besteht darin, deinen Atmungstyp in sein Gegenteil zu verkehren. Du atmest stark ein, hältst den Atem an, atmest kurz und wenig aus, füllst den Brustkorb erneut mit Luft und so fort, mindestens eine Viertelstunde lang. Es empfiehlt sich, in den ersten

Tagen folgenden Rhythmus einzuhalten: vier Schläge einatmen – vier Schläge Luft anhalten – zwei Schläge ausatmen. Danach kannst du die Sequenz verdoppeln: acht Schläge einatmen – acht Schläge anhalten – vier Schläge ausatmen.

Du kannst diese Übung machen, während du Musik hörst, Auto fährst, Geschirr spülst, Zeitung liest, auf einer Party plauderst oder tanzt oder mit Kindern spielst. Falls du Mühe hast, die Übung eine Viertelstunde lang durchzuhalten, während du etwas anderes tust, dann mache sie in deinem Zimmer, wenn du ungestört bist.

Wichtig ist die Regelmäßigkeit mit der du übst. Mache diese Übung einen Monat lang jeden Tag und führe ein Tagebuch darüber. Dann ziehe Bilanz, was inzwischen geschehen ist. Falls du den Eindruck hast, daß sie dir hilft, neue Seiten in dir zu entwickeln, mach sie drei Monate lang.

Atmungstyp II (Tendenz zur Einatmung):

Du stolzierst mit geschwellter Brust durch die Welt und stellst gern deine Kraft zur Schau. Du hältst fest, was du hast: dein Image. Es fällt dir schwer, dieses Image loszulassen und dich schwach zu zeigen. Du hast gelernt, daß du bewundert und geliebt wirst, wenn du stark bist. Du nimmst dafür eine etwas starre und rigide Haltung in Kauf und kannst nicht leicht nachgeben. Dein Leben hat etwas Statisches, und vielleicht hast du dich schon gefragt, warum du bei aller Kraft, die du hast, und bei aller Bewunderung, die dir zuteil wird, nicht voll zufrieden bist.

Wenn einige dieser Merkmale auf dich zutreffen, versuche es mit folgender Übung: stark ausatmen, eine Pause bis zum nächsten Einatmen, wenig und kurz einatmen, stark ausatmen

und so fort. Der Rhythmus für die ersten Tage ist: vier Schläge ausatmen – vier Schläge nicht atmen – zwei Schläge einatmen. Später verdoppelst du diesen Rhythmus: acht Schläge ausatmen – acht Schläge nicht atmen – vier Schläge einatmen. Es gelten die gleichen Regeln wie für die vorhergehende Übung.

Die Trauer schätzen

Dies ist eine schwierige Übung, da unser kulturelles System die Fähigkeit zu trauern und Abschied zu nehmen nicht oder nur wenig entwickelt.

Beim nächsten Anlaß nimm dir mehr Zeit für deine Trauer. Es mag der Verlust eines Verwandten oder eines Freundes sein oder auch ein heftiger Streit mit deinem Partner, bei dem ihr euch nicht verständigen konntet. Ziehe dich zurück und spüre die Trauer, verdränge sie nicht. Falls du keinen Grund zu trauern hast, setze dich einer traurigen Situation aus. Verbringe einige Stunden in einem Waisenhaus oder Altersheim.

Sich auf das Wesentliche konzentrieren

Schreibe Briefe an Menschen, die dir viel bedeuten oder viel bedeutet haben. Drücke Gefühle und Gedanken aus, vor allem Konflikte, die du bisher für dich behalten hast. Versuche, entstandene Mißverständnisse aufzuklären, und konzentriere dich dabei auf das Wesentliche.

Die Meridiane von Lunge und Dickdarm

Das Metall-Yin: Die Lunge

Die Körperhaltung des Metall-Yin

Die Haltung verkörpert die Essenz der Lungen-energie: Optimismus, Zuversicht und Vertrauen in die Zukunft.

Nimm diese Haltung ein, wenn du dich mut-los und niedergeschlagen fühlst oder wenn dich Selbstzweifel am Handeln hindern. Visualisiere dabei den Lungenmeridian. Er fließt von der Schulter zum Daumen. Verstärke den Energie-fluß in deiner Vorstellung mit jedem Ausatmen.

Die Aktivierung des Lungenmeridians

1. Steh mit den Füßen drei Fußbreit auseinander, die Schultern entspannt, die Arme locker hängend. Deine Knie sind leicht gebeugt.
2. Strecke deine Arme in Schulterhöhe nach vorn aus, die Handflächen nach unten.
3. Schwinge deine Arme beim Einatmen mit einer heftigen Bewegung so weit wie möglich nach links. Erlaube deinen Hüften und dem Oberkörper mitzuschwingen. Dein Kopf folgt der Bewegung des Oberkörpers. Stell dir vor, daß du etwas kraftvoll nach links schleuderst.

Laß die Bewegung so weit wie möglich nach hinten gehen, um die größtmögliche Dehnung der Wirbelsäule und der langen Rückenmuskeln zu erreichen. Halte die Arme dabei annähernd parallel.

4. Bringe deine Arme beim Ausatmen zur Mitte nach vorn zurück.
5. Schwinge deine Arme mit dem Einatmen so weit wie möglich nach rechts (wie oben), mit dem Ausatmen wieder zur Mitte zurück.
6. Mache diese Übung etwa zwei Minuten lang.

Das Metall-Yang: Der Dickdarm

Die Körperhaltung des Metall-Yang

Die Haltung spricht für sich. Die geistigen Funktionen des Dickdarms sind das Nachdenken, das Abschiednehmen von Wünschen, Erwartungen und Vorstellungen und das Ausscheiden von gedanklichem Ballast.

Nimm diese Haltung ein, wenn du das Gefühl hast, dich in deinen Vorstellungen verrannt zu haben; wenn du nicht mehr weiter weißt.

Die Energie fließt im Dickdarmmeridian vom Zeigefinger über die Schulter und den Hals bis zu einem Punkt knapp neben dem Nasenflügel. Visualisiere den Fluß mit dem Einatmen in weißer Farbe.

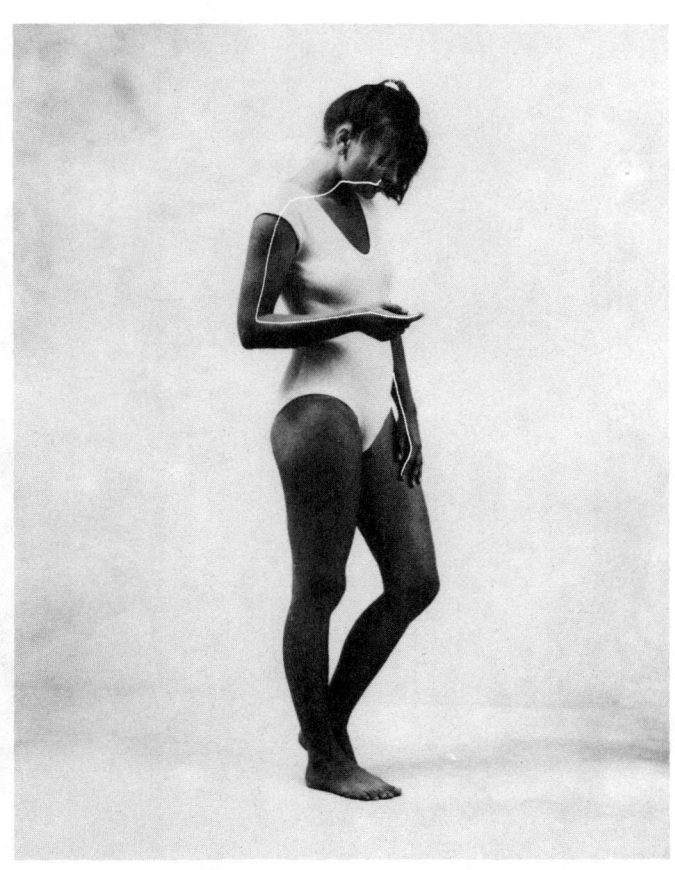

Die Aktivierung des Dickdarmmeridians

1. Bringe im Stehen die Arme so vor deine Brust, daß sie sich kreuzen und die Handflächen zu den Schultern weisen.
2. Diese Übung heißt »Den Bogen spannen«. Strecke den linken Arm mit dem Einatmen zur Seite (die linke Hand hält den Bogen), und spanne die Sehne mit der rechten Hand vor der Brust. Dein Gesicht ist nach links gewandt, der Zeigefinger der linken Hand gerade nach oben gestreckt, so daß du den Fingernagel sehen kannst. Laß die Spannung zu ihrem Höhepunkt kommen. Durch diese Spannung wird der Dickdarmmeridian tonisiert.
3. Laß dann den Pfeil mit dem Ausatmen von der Sehne schnellen und lege die Arme wieder überkreuzt vor die Brust.
4. Wiederhole die Bewegung nach rechts.
5. Mach diese Übung eine Minute lang.

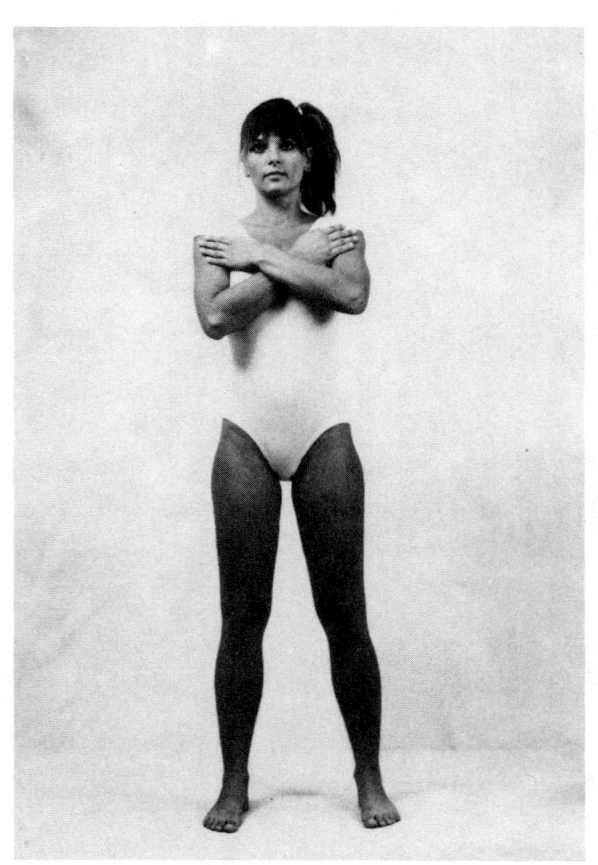
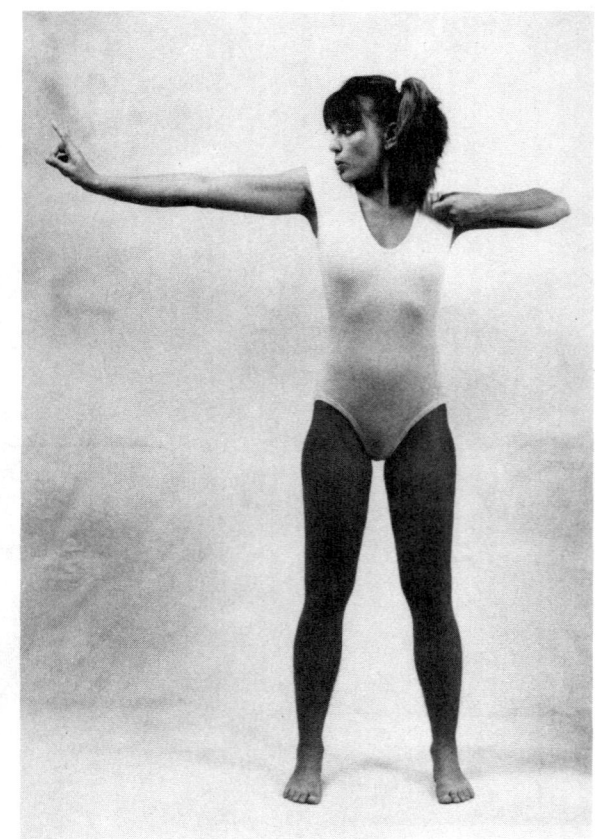

Das Element Wasser

Die Jahreszeit des Wassers ist der Winter, die Zeit der kurzen Tage und der langen Nächte. Unter einer Schneedecke liegt das Land, die Sonne wärmt nicht. Das Leben hat sich in die Unterwelt zurückgezogen, die Lebenskräfte schlummern in den Samen. Der Winter ist die Zeit zwischen Tod und Wiedergeburt.

Das Wasser wurde das alte Yin genannt, das kalte Dunkel. Sein Grundgefühl ist die Angst, die existentielle Angst ums Überleben. Seine Himmelsrichtung ist der Norden, seine Farbe Schwarz, seine Zeit die Nacht. Seine Organe sind Nieren und Blase, sein Gewebe die Knochen und das Mark.

Das Wesen des Wassers ist das Sinken nach unten, seine Kraft ist vertikal abwärts gerichtet zum Mittelpunkt der Erde. Während die Kraft des Feuers nach oben, in den Himmel weist, zieht das Wasser uns in die Tiefe. Es wirkt auf den physischen Körper als Gravitationskraft und führt die Seele und das Leben zu ihrem Ursprung zurück, zu einer tiefen Besinnung, zum wesentlichen Kern. Der Fluß nimmt den Bach auf und führt ihn zurück zum Meer.

Das Wesen des Wassers zeigt sich im Bild des Samenkorns, in dem, zusammengedrängt auf engen Raum, das Potential für einen großen Baum, für eine feinverästelte Entwicklung und Entfaltung liegt. Das Samenkorn ist die Essenz des Baumes. In den chinesischen Überlieferungen wurde diese Essenz als die ancestrale Energie bezeichnet. Die Niere, das Yin-Organ des Wassers, ist der Hüter der Ursprungsenergie.

Die ancestrale Energie ist die Qualität und Quantität der verschiedenen Energien, die man von seinen Eltern und der langen Reihe der Vorfahren erbt (ancestral bedeutet »von den Vorfahren kommend«). Der Begriff der ancestralen Energie umfaßt unseren Begriff des genetischen Codes, dessen 64 Kombinationsmöglichkeiten wir sinnbildlich in den 64 Hexagrammen des *I-Ging* wiederfinden. Die Niere wurde als Aufbewahrungsort der ancestralen Energie angesehen sowie als Speicher für verschiedene stoffliche und feinstoffliche Energien, die durch die Aufnahme und Verarbeitung von Nahrungsmitteln in unseren Organismus gelangen und nicht unmittelbar durch die Lebensprozesse selbst verbraucht werden. Im *Nei Ching* heißt es: »Die Nieren empfangen die Essenz der *Tsang* und *Fu* (Organe) und bewahren sie auf.«

Einige Namen von Punkten des Blasen- und Nierenmeridians verdeutlichen die Wirkung, die diese Punkte auf den Energiespeicher haben: Blase 24, Zustimmungspunkt zum Meer der Lebensenergie; Blase 26, Zustimmungspunkt zur umschlossenen Ursprungsenergie; Niere 1, sprudelnde Quelle; Niere 8, übergibt die Botschaft;

Niere 13, Punkt der Lebensenergie; und der eng mit Niere und Blase verbundene Gouverneur 4 heißt *Mingmen*, Tor des Lebens.

Die Ansicht, daß die Niere den Sitz der genetischen Konstitution darstellt, steht nicht in Widerspruch zu der Tatsache, daß jede Zelle des Organismus DNS und RNS enthält, denn das Organ Niere wird nur als Ort der größten Verdichtung und stofflichen Materialisation des Elements Wasser angesehen. Die Kraft des Wassers aber, wie die jedes anderen Elements, wirkt in jeder Zelle, in jedem Gewebe. Die Mischungsverhältnisse und die verschiedenen Qualitäten der Elemente selbst bewirken die Vielfalt der Strukturen, Formen und Prozesse, die in menschlichen, tierischen und pflanzlichen Organismen zu finden sind.

Die Kraft des Wassers ist im Organismus in verschiedenen Formen präsent. Wasser ist zunächst ein fließender Baustein des Körpers, der rund 65 Prozent des Körpergewichts ausmacht und als Lösungs- und Schmiermittel fungiert. In der chinesischen Tradition wurde die Niere als Oberkontrolleur der Wasserversorgung bezeichnet. Der Oberkontrolleur der Wasserversorgung hatte in der bäuerlichen Gesellschaft Chinas ein sehr verantwortungsvolles Amt inne. Er regelte die Zuteilung von Wasser für die Reisfelder der verschiedenen Gemeinden. Die ständige Reinigung des Organismus durch Wasser wird durch die Niere ermöglicht und ist eine ihrer wichtigsten Funktionen. Der Fluß des Wassers durch den Körper hat nichts mit seiner Ernährung zu tun: das ist die Aufgabe von Magen und Pankreas; er versorgt den Körper auch nicht mit Lebenskraft wie die Lunge.

Das Wasser fließt farblos und formlos. Es nimmt überall im Körper Abfallprodukte auf, verhindert Stagnation und ermöglicht Beweglichkeit, Frische und »Flüssigkeit« des Körpers. Es gibt keine Körperfunktion, keinen Lebensprozeß, der ohne Wasser auskommt. Die inneren Sekretionen erfordern Wasser, der Verdauungsprozeß, in dessen Verlauf die aufgenommene Nahrung in einen Speisebrei verwandelt wird (daher kommt der Beiname der Niere »Passage zum Magen«); die Befeuchtung der äußeren Körperöffnungen, von Augen, Mund, Nase, Ohren, Geschlechtsorganen und Anus; die Temperaturkontrolle des Körpers durch den Schweiß; die Gelenks- und Gewebeflüssigkeiten, um nur einige Beispiele herauszugreifen.

Der dem Wasser zugeordnete Geschmack ist salzig. Salz reguliert die im Körper enthaltene Menge an Wasser. Das Salzwasser der Meere war der Ursprungsort des Lebens auf diesem Planeten, und der Mensch hat im Inneren seines Körpers noch immer ein kaum modifiziertes Meerwasser-Milieu. Die physiologische Lösung der verschiedenen Salze im Blut und in der Gewebsflüssigkeit ist der Zusammensetzung des Meerwassers auch nach Millionen von Jahren noch immer ähnlich. Ein Überschuß an Salz im Organismus führt zu einer Flüssigkeitsansammlung in den Geweben und damit zu Schwellungen, Ödemen und Übergewicht.

Die Zusammensetzung der Salze und Mineralien bestimmt den Knochenbau (das Wasser regiert die Knochen und das Mark), und genau definierte Ionenkonzentrationen ermöglichen die Weiterleitung der Nervenimpulse und die Übertragung dieser Impulse auf die Muskulatur. Die Niere sorgt für die Erhaltung der für die Lebensprozesse erforderlichen Ionenkonzentrationen. Ohne sie gibt es keine Nerventätigkeit und keine muskuläre Bewegung, ohne sie kommt es zu Versagen und Stillstand des Herzens. Aus diesen Zusammenhängen wird verständlich, warum die Chinesen Gehirn und Rückenmark dem Element Wasser zuordneten. In den alten chinesischen Texten wird das Gehirn als das »Meer des Marks« bezeichnet. Es wird auch verständlich, warum die Chinesen Niere und Herz gleich wichtig nahmen. Die Niere sorgt für die Aufrechterhaltung des inneren Milieus, für die Grundlage des Lebens.

Ein Einzeller hat keinen Blutkreislauf und kein Herz, er besteht aus Salzwasser, Membran, genetischem Code und einfachen Zellorganellen. Das Feuer dagegen läßt eine höhere Ordnung der Dinge entstehen. Die Koordination, die Elektrizität und damit auch die elektrischen Phänomene der Reizübertragung sind dem Feuer zugeordnet.

In der chinesischen Tradition wurden auch alle Hormone und ihre Drüsen dem Element Wasser zugeordnet. In den alten Texten wurde zwischen Yang- und Yin-Niere oder zwischen Feuer- und Wasser-Niere unterschieden. Die Wasser-Niere filtert das Blut und produziert den Harn. Sie entspricht der Niere in unserem Sinne. Die Feuer-Niere dagegen stellt das System der endokrinen Drüsen dar: die Nebennieren, die Geschlechtsdrüsen, die Langerhansschen Inseln des Pankreas, die Schilddrüse und Nebenschilddrüsen und schließlich die Hypophyse.

Das Konzept der Wasser- und Feuer-Niere gibt auch einen Hinweis auf die Natur des Elementargeists des Wassers, den *Tchen*. Die Funktionen des *Tchen* sind der Überlebenstrieb, die Willenskraft und die Libido. Er repräsentiert die Lebenskraft eines Menschen, mit der er das Leben meistert. Der *Tchen* kann sich voll entfalten, wenn der Organismus innerlich flüssig, frisch und sauber ist und wenn ein gutes Zusammenspiel der Hormone die Stoffwechselvorgänge so aufeinander abstimmt, daß übersprudelnde, überschießende Kraft und Vitalität entstehen kann. Diese Kraft manifestiert sich in geschmeidigen Bewegungen des Körpers, in Flexibilität der Gelenke wie des Verhaltens, in einem gesunden Anpassungsvermögen an die Erfordernisse der jeweiligen Situation, in sexueller Potenz, in starken Knochen und guten Zähnen, in einem seidigen Glanz der Haare, in einem guten Gehör und in unbändigem Tatendrang.

Das Gleichgewicht im Wasserelement hängt vom Verhältnis zwischen Yin- und Yang-Niere ab. Sowohl bei einem Schwächezustand in der Feuer-Niere als auch bei einem relevanten Energieüberschuß der Yin-Niere gegenüber der Yang-Niere kommt es zu einem Mangel an Vitalität, an Lebenswillen. Es kommt zu Impotenz und Frigidität und zu Zuständen lähmender Angst. Wenn die Energie der Feuer-Niere überwiegt, findet man oft ein ständiges Getriebensein dieses Menschen oder auch eine Rigidität im Verhalten und in den Bewegungen des Körpers. Diese Starrheit und Steifheit äußert sich vor allem im unteren Rücken, in den Illiosakralgelenken und in der Rückseite der Beine im Verlauf des Blasenmeridians. Die verschiedenen Erscheinungsformen dieser Rigidität sind ein Hohlkreuz, Bandscheibenschäden der Lendenwirbelsäule, Ischias und Hexenschuß. Diese Beschwerden gehen oft mit einer Neigung zu Blasenentzündungen einher.

Andere Folgen eines Ungleichgewichts im Wasser sind Nierensteine, Nieren- und Harnleiterentzündungen, Knochenerkrankungen und Haarausfall, manche Formen des wäßrigen

Durchfalls, ständig unterkühlte Beine und Füße, manche Regelbeschwerden und Schlaflosigkeit.

Die Niere regiert das Ohr und das Gehör. Das Gleichgewicht der Flüssigkeiten im Cortischen Organ ist ausschlaggebend für die Qualität unseres Hörens. Ebenso ist der Gleichgewichtssinn, dessen Funktion durch die richtige Flüssigkeitszusammensetzung im Labyrinth ermöglicht wird, dem Wasser zugeordnet. Die meisten Ohrenerkrankungen, wie zum Beispiel Mittelohrentzündung, Ohrensausen, Schwerhörigkeit, Taubheit und Schwindelgefühle, gehen auf eine Störung des Wasserelementes zurück.

Die Hormone der Nebenniere und ihre Funktionen geben Aufschluß über die dem Element Wasser zugeschriebenen Emotionen und Triebkräfte. Das sind einerseits die Androgene und ihre direkte Wirkung auf die Libido, andererseits Adrenalin, Noradrenalin, die Glucocortiocoide und das den Blutdruck und Wasserhaushalt regulierende Aldosteron. Eine wirkliche oder eingebildete Gefahr, die in uns Angst auslöst, ist der stärkste Stimulus auf die Ausschüttung dieser Hormone in den Blutkreislauf. In China wird Angst mit der unheimlichen Kraft des Wassers assoziiert, die es bei Überschwemmungen und bei durch Erdbeben oder Taifune ausgelösten Flutwellen zeigt. Angst wird auch mit Mangel an Wasser assoziiert, wenn die Felder austrocknen und eine Hungersnot bevorsteht.

Wie auch in den anderen Elementen gibt es im Wasserelement Gefühle und Emotionen, die der Ausdruck von Gleichgewicht oder Ungleichgewicht in diesem Element sind. Wenn man alle fünf Sinne beisammen hat, ist es natürlich, in Situationen der Gefahr Furcht zu empfinden. Wir fürchten uns vor etwas Bestimmtem, wir erkennen rechtzeitig die Gefahr und können Maßnahmen treffen, um der Bedrohung aus dem Wege zu gehen. Die Furcht sichert unser biologisches Überleben. Im geistigen Bereich des Menschen wird die Furcht zur Ehrfurcht, zur Ehrfurcht vor dem Leben, zum Staunen über das Wunder des Lebens.

Die Angst dagegen ist eine übersteigerte Form der Furcht, bei der die tatsächlich existierende Bedrohung nicht mehr richtig eingeschätzt werden kann. Häufig ist die Bedrohung eingebildet und unwirklich. Angst kommt von Enge. Ängste entstehen, wenn wir in unserem Fühlen, Denken und Sein eingeengt sind, wenn wir uns abgekapselt haben und nicht mehr mit dem mitschwingen, was uns umgibt. Das Mitschwingen ist ein Kennzeichen des Wasserelements: weich sein, sich hingeben, keinen Widerstand entgegensetzen. Bei schwereren Störungen des Wasserelements kommt es zu Panikzuständen, Paranoia und Verfolgungswahn, zu Angst vor der Dunkelheit, zu Angst vor dem »schwarzen Loch« in uns selbst, zu lähmenden Zuständen der Angst, in denen wir starr und unbeweglich werden.

Das Element Wasser birgt die tiefsten Geheimnisse des Lebens. Wenn wir der Kraft des Wassers folgen, werden wir innerlich still, und der Spiegel des Sees wird glatt. In dieser innerlichen Stille tun sich langsam die Welt der Träume auf, die Reiche des Schlafs und des Unbewußten. Schritt für Schritt kann auch der Weg durch den Tod hindurch sichtbar werden. Das Wasser ist das Element der Selbstversenkung und Meditation. Wenn man in der Tiefe zu Hause ist, wird man von dort aus den Stürmen der Oberfläche gelassen begegnen. Mehr als in jedem anderen Element stoßen wir hier auf das Unnennbare, das *Tao*.

Geistige und körperliche Übungen, um das Wasser zum Fließen zu bringen

Klärende Fragen

Gehe vor wie beim Element Holz.

- Wie geht es mir im Winter/bei kaltem Wetter?
- Bevorzuge ich salzige Speisen, oder habe ich eine Abneigung gegen Salz?
- Habe ich Angst vor der Dunkelheit?
- Wovor habe ich Angst?
- Habe ich einen starken Lebenswillen, der mir Schwierigkeiten überwinden hilft?
- Bin ich sehr ehrgeizig/überhaupt nicht ehrgeizig?
- Habe ich einen starken/schwachen Sexualtrieb?
- Kann ich in etwas versinken, was mich beschäftigt, so daß alles andere in meiner Umgebung an Bedeutung verliert?
- Habe ich viel/wenig Phantasie und Vorstellungskraft?
- Habe ich Geheimnisse, die ich für mich behalte?
- Höre ich gut?
- Hatte ich jemals eine Mittelohrentzündung oder länger andauerndes Ohrensausen?
- Habe ich gute Zähne, feste, gesunde Haare?
- Habe ich manchmal Kreuzschmerzen?
- Hatte ich jemals eine Nierenerkrankung/eine Blasenentzündung?
- Kann ich mit mir allein und still sein?
- Wovor habe ich Ehrfurcht?
- Habe ich mir jemals Gedanken darüber gemacht, wie ich sterben werde / sterben möchte?
- Was habe ich für eine Einstellung zum Tod?
- Was ist für mich das größte Geheimnis?

Begegne deiner Angst

Ziehe dich am Abend in ein dunkles Zimmer zurück. Stelle dir Situationen vor, in denen du Angst bekamst, und rufe sie dir bildhaft ins Gedächtnis zurück. Laß dir die Situation schrecklicher erscheinen als sie war, und steigere dich in deine Angst hinein.

Wenn du vor Angst den Kopf verloren hast, richte deine Aufmerksamkeit auf deinen Körper. Wo verkrampfst du dich? Hältst du den Atem an, oder atmest du kurz und flach? Nimm einige tiefe und lange Atemzüge, während du die Situation, die dir Angst gemacht hat, noch einmal vor deinem geistigen Auge erlebst. Behalte diese Atmung bei, bis die Angst geringer wird oder ganz verschwindet.

Wenn du ein ängstlicher Mensch bist, mach diese Übung einmal pro Woche, ein oder zwei Monate lang. Sie kann dir dabei helfen, Ängste zu verringern. In einer tatsächlichen Gefahr wirst du ruhiger reagieren und dich leichter zur Wehr setzen können.

Den Mutterleib fühlen

Lege dich am Nachmittag oder Abend in dein Bett und schließe die Augen. Nimm dir ungefähr eine Viertelstunde Zeit, um eine Reise in deine Vergangenheit anzutreten. Erinnere dich, wie du dich gestern gefühlt hast; erinnere dich, wie es dir vor einer Woche ergangen ist. Erinnere dich, wie du dich vor einem Jahr gefühlt hast, vor drei Jahren, vor fünf Jahren und so fort. Erinnere dich an deine Pubertät, an deine ersten Schuljahre, an deine Kindheit. Stell dir vor, wie du dich als Säugling gefühlt haben magst, bei deiner Geburt und vor deiner Geburt. Wenn Gefühle oder Bilder aus dieser Zeit auftauchen, laß sie zu, versuche nicht, sie zu deuten oder sie mit dem, was du weißt, in Einklang zu bringen. Stell dir vor, wie du im Fruchtwasser schwimmst. Und dann spüre die langsamen und tiefen Atemzüge deiner Mutter im Schlaf — wie sie dich sanft wiegen, eine Ewigkeit lang. Stell dir diesen Atem vor, der dich umgibt und der größer ist als du, der dich wiegt und dir Geborgenheit gibt. Und dann laß deinen eigenen kleinen Atem synchron mit diesem großen Atem gehen; höre ihm einfach zu. Tu nichts sonst. Der Atem geht ein. Der Atem geht aus. Der Atem geht ein. Der Atem geht aus.

Höre ungefähr eine Viertelstunde lang auf den Atem in der Stille.

Latihan

Dies ist eine indische Technik der Tantra-Tradition. Sie löst in uns den »Lauf des Wassers«: weich sein, nachgeben können, geschehen lassen, fließen.

Suche am Abend einen dunklen Raum auf. Lege bequeme Kleidung an, trage keine Schuhe und Strümpfe. Tanze fünfzehn Minuten lang einen Phantasietanz, bei dem du dich lockerst und entspannst.

Dann stell dich unbeweglich in die Mitte des Raumes und tue nichts mehr. Bleibe locker, aber unterlasse jede willkürliche Bewegung. Nach einigen Minuten wirst du auf einmal spüren, wie sich dein Körper von allein zu regen beginnt. Laß ihn sich regen, sich bewegen, ganz so wie er will. Greife nicht ein. Vielleicht wirst du ein Zittern spüren, oder eine kleine Zuckung mag durch deinen Körper gehen. Eine Bewegung beginnt, bricht wieder ab, setzt sich fort. Folge der Eigendynamik deines Körpers.

Nach einer Weile wirst du dich aufgeladen fühlen. Immer wenn du die Willkürmotorik abschaltest, übernehmen tiefere Gehirnzentren das Ruder, und unterdrückte Bewegungen können zum Vorschein kommen. Verspannungen und Blockaden lösen sich allmählich unter dem Einfluß selbstregulierender Zentren, und der Muskeltonus verändert sich. Energie wird frei.

Bleibe etwa dreißig Minuten lang in diesem Zustand. Dann lege dich auf den Rücken und genieße die Entspannung.

Die Meridiane von Blase und Niere

Das Wasser-Yang: Die Blase

Die Körperhaltung des Wasser-Yang

Die Funktion der Blase ist das geistige und körperliche Entspannen, das Loslassen von Aktivität, das Zurückkehren in den Ruhezustand.

Nimm diese Haltung ein, wenn du angestrengt gearbeitet hast und dich wieder entspannen willst. Schwinge langsam von der einen zur anderen Seite und wieder zurück. Dann ändere nach einer Weile die Richtung. Laß den Oberkörper ohne Anstrengung nach vorn sinken, richte ihn dann wieder auf und dehne den Rücken und Nacken nach hinten. Mach das mehrere Male.

Laß dich jedesmal tiefer nach vorne sinken und visualisiere dabei den Blasenmeridian. Er fließt vom inneren Augenwinkel über den Kopf, den Rücken und die Rückseite des Beines zur Außenkante des Fußes bis zum kleinen Zeh. Visualisiere ihn an Kopf und Rücken etwa zwei Fingerbreit von der Mittellinie entfernt.

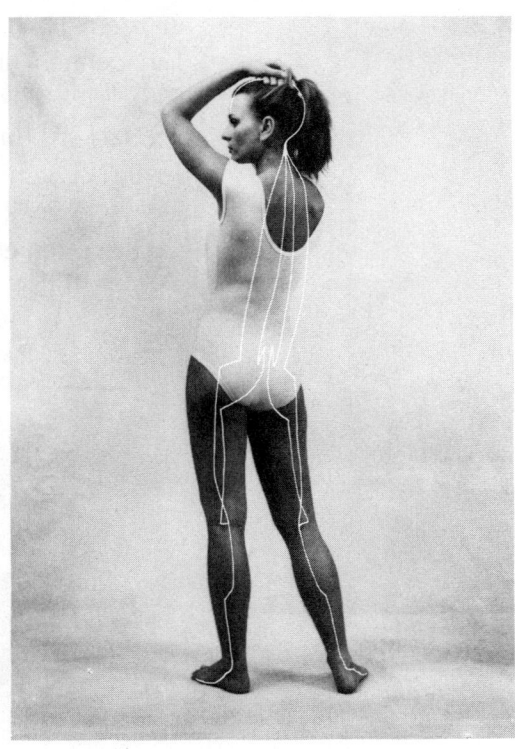

Die Aktivierung des Blasenmeridians

Die Kerze und der Pflug

1. Die Kerze: Leg dich entspannt auf den Rücken, die Arme seitlich neben dir.
2. Hebe deine Beine in eine senkrechte Stellung.
3. Hebe deinen Oberkörper vom Boden ab, so daß er mit den Beinen eine senkrechte Linie bildet. Das Gewicht deines Körpers ruht auf Schultern und Nacken. Du kannst dabei deinen Rücken mit den Händen stützen. Bleibe jeden Tag ein bißchen länger in dieser Stellung – bis zu drei Minuten lang.
4. Der Pflug: Bringe deine Beine langsam mit gestreckten Knien soweit hinter deinen Kopf, daß die Zehenballen den Boden berühren. Halte die Knie so weit durchgestreckt, wie es ohne schmerzhafte Spannung möglich ist. Entspanne dich und atme vor allem in den Bauch. Halte diese Position bis zu drei Minuten lang.
5. Laß die Knie weiterhin gestreckt, hebe die Beine langsam wieder in die Senkrechte, bis du in der Kerze bist.
6. Laß deine Beine langsam nach unten sinken, bis du entspannt auf dem Rücken liegst. Nimm dir mindestens eine Minute Zeit, um die Auswirkungen dieser Übung auszukosten. Die Kerze und der Pflug sind Übungen aus dem Hatha-Yoga, die den Blasenmeridian dehnen und anregen. Sie lockern die Wirbelsäule, die oft verkrampften Muskeln des Nackens und Rückens und die Rückseite der Beine. Sie entlasten das Herz, indem sie den venösen Rückstrom fördern, und beugen Beinödemen und Krampfadern vor.

Das Wasser-Yin: Die Niere

Die Körperhaltung des Wasser-Yin

Die Haltung spricht für sich. Ruhe und Regeneration sind Aufgabe der Niere.

Der Nierenmeridian fließt von der Fußsohle über die Innenseite des Beines ins Becken und in die Lendenwirbelsäule, von ihr zum Schambein und dann Bauch und Brust aufwärts bis zum Schlüsselbein. Visualisiere den Nierenmeridian des angewinkelten Beines mit dem Einatmen (beim ausgestreckten Bein ist der Energiefluß geringer).

Nimm nach einer Weile die spiegelbildliche Haltung ein und visualisiere den Nierenmeridian der anderen Seite.

Die Aktivierung des Nierenmeridians

1. Sitze mit gebeugten Beinen auf dem Boden, so daß die Fußsohlen einander berühren.
2. Umfasse die Fußgelenke und drücke mit den Daumen den Punkt Niere 6 auf beiden Füßen. Dieser Akupressurpunkt liegt eine Daumenbreite unterhalb der Spitze des Innenknöchels in einer kleinen Vertiefung zwischen zwei Sehnen.
3. Ziehe deine Füße möglichst nahe an dein Becken heran.
4. Richte dich mit dem Einatmen auf und strecke die Wirbelsäule. Beuge deinen Oberkörper mit dem Ausatmen und bring die Stirn möglichst nahe zu den Zehen.
5. Mach diese Bewegung eine Minute lang. Atme dabei tief und regelmäßig.
6. Danach setze dich aufrecht mit gekreuzten Beinen hin und schließe die Augen. Sage mit dem Ausatmen innerlich das Mantra »TCHEN«, ein bis drei Minuten lang.

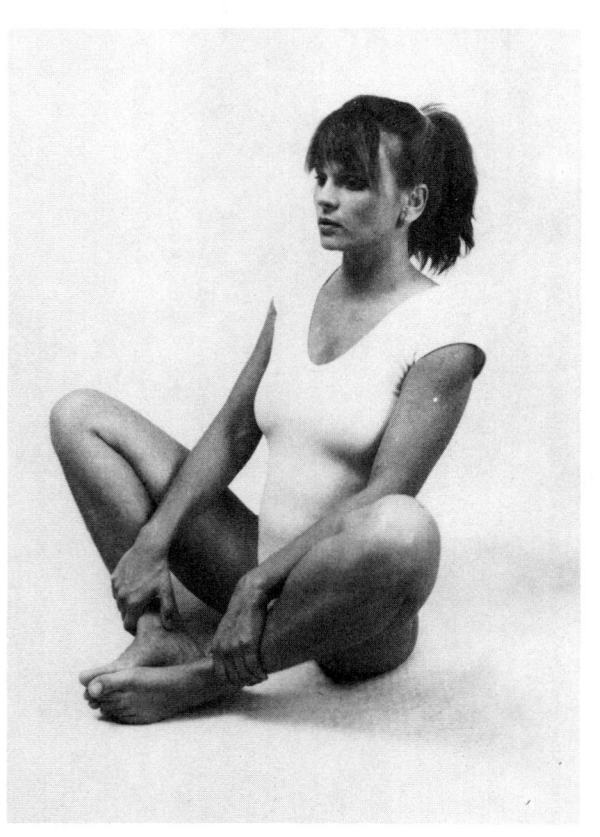

Die vier Zyklen

Die Chinesen maßen der Harmonie und dem Gleichgewicht der Kräfte große Bedeutung zu. Für die in der Natur und im Kosmos beobachteten Vorgänge sind weniger die Charakteristika der einzelnen Elemente maßgeblich als vielmehr ihr Zusammenwirken. In jedem Lebensvorgang halten die Elemente einander das Gleichgewicht, erzeugen sich gegenseitig und dämmen sich wechselweise wieder ein. Die chinesische Tradition kennt vier Gesetzmäßigkeiten der Beziehung der Elemente untereinander: den Zyklus der Erzeugung, den Zyklus der Eindämmung und Kontrolle, den Zyklus der Auflehnung und den Zyklus des Entziehens.

Diese vier Zyklen beschreiben die Phasen des Wachstums und das physiologische Zusammenwirken der Organe. Sie beschreiben den Weg und die Ausbreitung von Beschwerden und Krankheiten von einem in das andere Element, von einem in das andere Organ. Sie machen, die komplexen Zusammenhänge verständlich, die den einzelnen Krankheitsbildern zugrunde liegen. Wendet man sie auf die emotionale und geistige Ebene an, erhält man einen Überblick über die Dialektik von Gefühlen und geistigen Haltungen.

Die Zyklen beschreiben ebenso Charakterstrukturen wie den Zusammenhang von Charakter und Krankheit. Sie sind ein wesentliches Instrument traditioneller chinesischer Diagnostik und Therapie. Die vier Zyklen zeigen, auf welche Weise ein Element mit den anderen verbunden ist und wie alles, was geschieht, überallhin seine Wirkung hat.

Der Sheng-Zyklus oder Das Gesetz von Mutter und Sohn

Dieser Zyklus beschreibt den Übergang von einem Element in das darauffolgende, von einer Wandlungsphase in die nächste. Die Wandlungsphase Holz verwandelt sich in Feuer, dieses in Erde, die Erde in Metall, das Metall in Wasser und das Wasser wieder in Holz. In den chinesischen Texten werden diese Ver-Wandlungen folgendermaßen dargestellt: Mit Holz macht man Feuer. Wenn das Feuer niederbrennt, wird es zu Asche, zu Erde. Im Inneren der Erde verdichten sich Metalle und Mineralien. Wasser kondensiert auf Metall, oder: aus dem Himmel, dem Reich des Metalls, kommt der Regen. Wasser bewirkt das Wachstum der Pflanzen, des Holzes. Je mehr Holz man aufschichtet, desto heller und länger wird das Feuer brennen. Das Abbrennen der Felder schafft neue, fruchtbare Erde. Jedes Element hängt in seiner Kraftentfal-

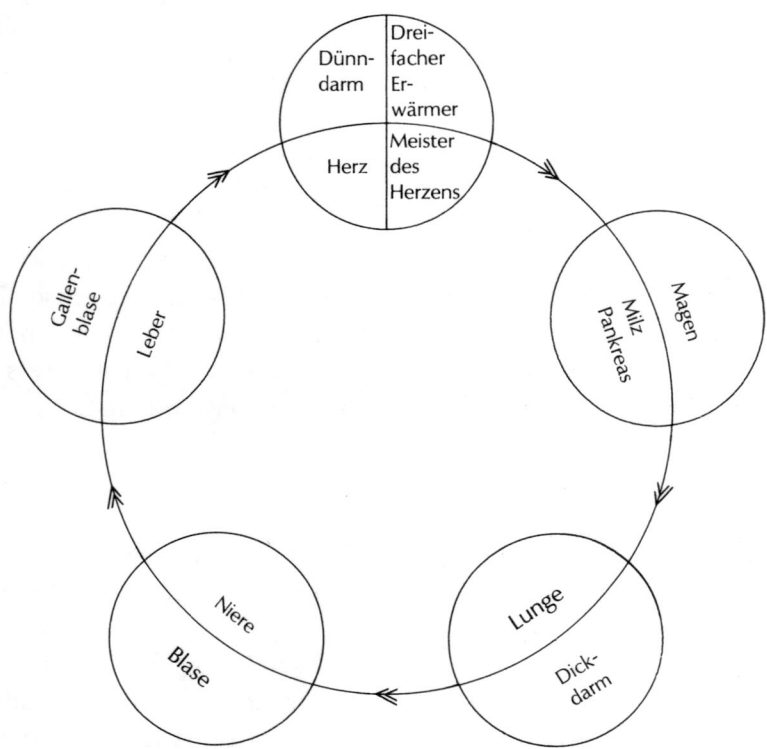

tung von der Ernährung durch das vorhergehende ab, darum wird dieser Zyklus auch Zyklus der Ernährung genannt.

Da die Yin-Funktion des menschlichen Organismus Ernährung und Aufbau ist, ist der Sheng-Zyklus vor allem im Bereich der Yin-Organe wirksam. Die Leber ernährt das Herz, das Herz die Milz, die Milz die Lunge, die Lunge die Niere, die Niere die Leber und so fort.

Es ist schlecht möglich, das hier beschriebene Prinzip der Ernährung in die Begriffe der westlichen Physiologie zu übersetzen. Der Sheng-Zyklus beschreibt die Verwandlung von dyna-

mischen Kräften und Energien, die ihren Niederschlag auf der organischen wie auf der geistigen Ebene finden. Es ist nicht möglich, die Kräfte selbst zu messen, man kann sie aber an ihren Auswirkungen erkennen.

In der Praxis der chinesischen Medizin wird zum Beispiel die Niere durch die Lungenenergie gestärkt. Man findet diesen Zusammenhang des öfteren in den Krankengeschichten. Wenn die ersten Störungen und Erkrankungen der Kindheit im Metall entstehen und sich zum Beispiel durch häufige Verkühlungen, Keuchhusten, Lungenentzündung oder Durchfälle äußern, findet man häufig in der darauffolgenden Wachstumsperiode Störungen im Bereich des Wassers, die sich durch Mittelohrentzündungen, Ohrensausen oder schlechte Zähne äußern können. In diesem Fall wurden das Wasser und seine Organe und Gewebe während langer Jahre durch ein geschwächtes Metall unterernährt.

Der Sheng-Zyklus stellt einen in sich geschlossenen Kreis dar. Wird dieser Kreis an beliebiger Stelle unterbrochen und kann sich ein Element nur unvollständig in das darauffolgende verwandeln, kommt es zur »Unterernährung« dieses Elements. Die Chinesen nennen es – in bezug auf das vorhergehende Element – den »Sohn«. Das ernährende Element wird als die »Mutter« bezeichnet. Der Sohn des einen Elements ist dann die Mutter des nächsten und so fort, bis der Kreis geschlossen ist. Deshalb heißt dieser Zyklus auch das Gesetz von Mutter und Sohn. Die Stärke eines Elements hängt von der richtigen Ernährung durch die Mutter ab. Man kann diese Mutter-Sohn-Beziehung in allen Bereichen beobachten, im biologischen wie im emotionalen und geistigen. Diagnostisch bedeutsam ist vor allem die Unterernährung, aber es gibt auch Fälle von Überernährung, die Krankheiten hervorbringen können.

So klar diese Gesetzmäßigkeiten im individuellen Fall oft erscheinen, so schwierig ist es, sie abstrakt zu beschreiben. Auf der emotionalen Ebene kann man den Übergang der Gefühle von einem Element in das andere am besten verstehen, wenn man sich den Ablauf eines Jahres mit seinen verschiedenen Jahreszeiten und den ihnen entsprechenden Grundgefühlen vor Augen führt. Der Frühling ist die Zeit neuer Pläne, neue Projekte werden in Angriff genommen; die Menschen gehen mehr aus sich heraus, schließen neue Bekanntschaften, verlieben sich aufs neue; es kommt aber auch zu Reizbarkeit und Ungeduld oder zu tiefer Depression bei einer Störung im Holz.

Aus diesem Neubeginn im Frühjahr erwächst die Blütezeit des Sommers, die Freude über das Gelingen, das Feiern und Tanzen. Man kann oft erleben, daß jemand sich nach einem plötzlichen Wutausbruch – wenn der Zorn wieder verraucht ist – in gelöster und versöhnlicher Stimmung befindet; er hat sich ausgedrückt, er hat seine Meinung gesagt, er hat sich nicht sich selbst in den Weg gestellt. Die Erfahrung zeigt, daß Menschen, die nie wütend oder zornig werden, selten echte, pulsierende Freude empfinden. Man kann den Übergang von Holz zu Feuer auch gut bei Kindern beobachten. Sie sind in einem Moment stinksauer, beschimpfen sich, streiten oder raufen miteinander –, und im nächsten Moment sind sie wieder gut Freund und spielen, als ob es keine Unstimmigkeiten gegeben hätte.

Wenn die Zeit der Freude vorbei ist, hängen wir dieser Freude oft nach. Wir werden ruhiger, nachdenklich, vielleicht melancholisch. Wir schwärmen von Romantik, den Erlebnissen vergangener Zeiten. Dies alles sind Gefühlsstimmungen des Erdelements. Aus einer voll gelebten Freude kann Mitgefühl entstehen, tiefes Verständnis und tiefe Verbundenheit mit jemandem, mit dem man Liebe und Freude geteilt hat. Aus dem Mitgefühl, das aus einem gemeinsam erlebten Höhepunkt entsteht, ergibt sich auch die Möglichkeit zu konstruktiver Kritik, einem weiteren Kennzeichen des Erdelements.

Aus der Melancholie kann Traurigkeit entstehen, aus Mitgefühl die Einsicht, ob und wann es gut ist, sich zu trennen und voneinander Abschied zu nehmen. Ein Mensch, der die Bedürfnisse eines anderen nachfühlen kann, wird wissen, wann er zu gehen hat. Ein solcher Mensch wird auch wissen, wann es Zeit ist, allein zu sein und sich in sich selbst zurückzuziehen. Er wird nicht am anderen kleben bleiben, wie das bei Menschen mit einem überstarken Erdelement vorkommt, wo der Übergang ins Metall unterbrochen oder gestört ist. Bei einem fließenden Übergang von Erde zu Metall ist ein Mensch imstande loszulassen. Er kann seine Vergangenheit loslassen, er kann vergangene Bindungen lösen und alte Identitäten aufgeben. Er wird die Essenz seiner Erlebnisse zurückbehalten und alles, was nicht wesentlich ist, ausscheiden. Er wird durch Trauer und Abschied reifen.

Ist der Übergang von Metall zu Wasser unvollständig, wird ein solcher Mensch Angst vor dem Alleinsein empfinden. Er wird das Alleinsein als Einsamkeit bezeichnen und sich nach Verbundenheit mit anderen sehnen. Hinter der Furcht vor der Einsamkeit steht fast immer die Angst, mit sich selbst und seinem eigenen Unbewußten konfrontiert zu sein, denn in der Phase des Alleinseins erleben wir, wer wir wirklich aus eigener Kraft sind. Die dem Element Metall zugeordnete Fähigkeit des Loslassens und des Abschiednehmens ist erforderlich, um zur Stille des Wassers zu kommen, zum Schweigen.

Aus der Stille erwächst ein neuer Beginn. Das ist der Übergang von Wasser zu Holz. Auf der emotionalen Ebene finden wir diesen Übergang als das Umschlagen von großer Angst in Aggression. Wenn man jemanden zu sehr in die Ecke drängt und bedroht, wird er aus seiner Angst heraus plötzlich angreifen oder vor Angst wie gelähmt sein. Das erste ist ein gesunder Übergang von Wasser zu Holz, den man gut bei Tieren und Kindern beobachten kann. Bei gehemmten Menschen, die zum Bravsein und zur Zurückhaltung erzogen wurden, überwiegen die lähmenden Formen der Angst, in denen man sich keinen Ausweg und keine erfolgreiche Selbstdurchsetzung mehr vorstellen kann. Der Übergang von Wasser zu Holz ist gestört. Salzwasser bringt keine Pflanzen hervor.

Der Ko-Zyklus oder
Das Gesetz von Großmutter und Enkel

Der Zyklus von Erzeugung und Aufbau hat als natürliche Polarität den Abbau und die Zerstörung überlebter Strukturen. Jedes Wachstum hat natürliche Grenzen, jenseits derer Wachstum nicht mehr sinnvoll ist. Werden diese Grenzen überschritten, kommt es zu einem Ungleichgewicht der Elemente, zu Hypertrophie, zu krankhaftem Wuchern, zu Krebs.

So wie jedes Element eine Mutter hat, die es nährt, hat es auch eine Großmutter, die für seine Erziehung und sein rechtes Aufwachsen sorgt. Im alten China wie auch in vielen anderen Kulturen fiel den Großeltern die Aufgabe zu, die Bestimmung ihrer Enkel zu erkennen und ihre Ausbildung im Sinne dieser Bestimmung zu fördern. Sie stellten die eigentliche Autorität in der Erziehung dar, sie gaben die Erfahrungen von Generationen weiter, meist in Form von Erzählungen oder Geschichten. Sie entschieden über

Beruf und Heirat. Die Eltern hingegen sorgten für die materiellen Grundlagen des Lebens, sie arbeiteten auf dem Feld, sie sorgten für den Lebensunterhalt der Familie.

Es ist kennzeichnend für unsere Kultur, daß die Funktion der Großeltern in diesem Jahrhundert vor allem in den Städten weitgehend bedeutungslos geworden ist. Die Erziehung und »Bildung« des Kindes ist anonymen staatlichen Schulen übertragen worden, in denen zwar viele Informationen, aber wenig wirkliches Wissen um die eigene Bestimmung und den Sinn des Lebens weitergegeben werden. Was übriggeblieben ist, ist die Funktion der Eltern, die für den materiellen Lebensunterhalt sorgen.

Aufgabe der Großeltern war es, ihren Enkeln die Führung und den Rückhalt zu geben, die sie für ihre Entwicklung brauchten. Waren die Großeltern zu streng und ihre Erziehungsmethoden zu autoritär, so konnten die Enkel keine Eigenständigkeit im Handeln, Denken und Fühlen entwickeln. Ließen sie ihren Enkeln zu viel durchgehen und klopften ihnen zu wenig auf die Finger, wurden die Enkel selbstherrlich, an-

Der Ko-Zyklus

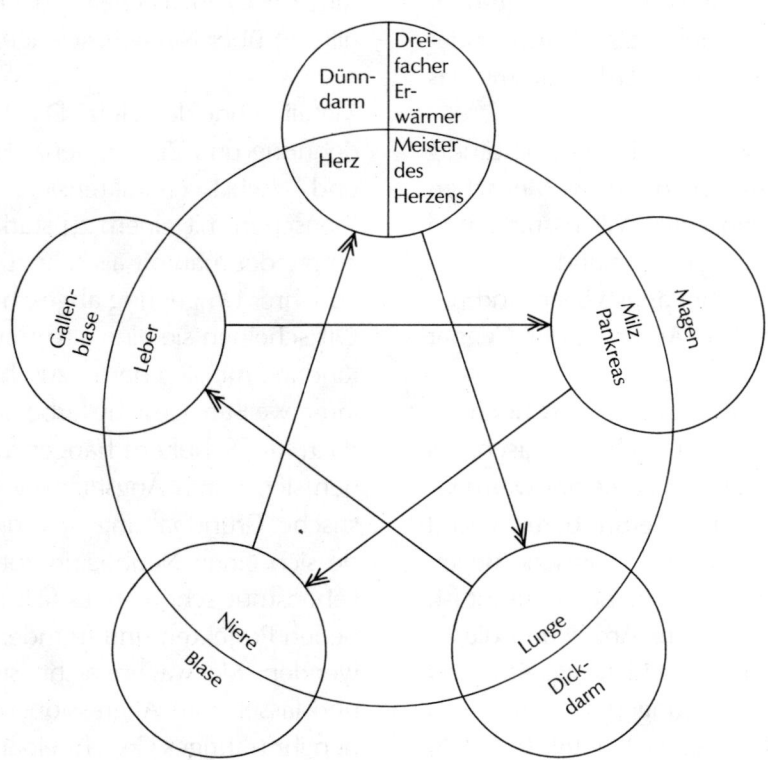

maßend und unfähig, sich im späteren Leben anderen unterzuordnen.

Das Diagramm des Ko-Zyklus zeigt einen fünfzackigen Stern. In den magischen Traditionen des Abendlandes ist dieses Symbol als Pentagramm bekannt, als das Symbol Weißer Magie mit der Spitze nach oben, als das Zeichen Schwarzer Magie mit der Spitze nach unten. Wie der Sheng-Zyklus ist der Zyklus der Kontrolle, der Ko-Zyklus, ein Beziehungssystem abstrakter Symbole, das es ermöglicht, bestimmte empirisch gewonnene Erkenntnisse und Beobachtungen aus ganz unterschiedlichen Bereichen miteinander in Verbindung zu setzen. In den chinesischen Texten werden die Gesetzmäßigkeiten des Ko-Zyklus folgendermaßen dargestellt: Wasser löscht das Feuer, Feuer schmilzt Metall, Metall (in Form einer Säge oder Axt) schneidet Holz, Holz (als Pflanze oder Baum) durchbricht die Erde, Erde dämmt das Wasser.

Zuviel Wasser löscht das Feuer vollständig aus. Man findet diese Beziehung bei Menschen mit viel Ehrgeiz, Antriebskraft, Willensstärke und wenig Herzlichkeit, wenig Freude und Heiterkeit; andererseits aber auch bei angstvollen und paranoiden Menschen: Die Angst ist der Gegner der Liebe.

Zuwenig Wasser läßt das Feuer zu hoch lodern. Das Feuer verzehrt sich zu rasch, es kommt zum Strohfeuer und zu keiner wärmenden Glut. Die Folgen im Gefühlsbereich sind Schwärmereien, Hysterie und manische Begeisterung, der, wenn das Feuer niedergebrannt ist, die Depression folgt. Andere Anzeichen dieses Ungleichgewichts sind Schlaflosigkeit und schnell wechselnde Stimmungen.
Feuer schmilzt Metall. Feuer ist nötig, um dem Metall eine Form geben zu können, um es zu veredeln. So entstehen brauchbare Werkzeuge und Schmuck. Spannkraft und Festigkeit vieler Metalle hängen von ihrer Temperatur ab. Bei großer Kälte werden sie brüchig, bei wärmeren Temperaturen sind sie elastischer und belastbarer. Den geistigen Qualitäten des Metalls, dem Streben nach Reinheit und Spiritualität, fügt die Wärme des Feuers jene Begeisterungsfähigkeit, Freude und Heiterkeit hinzu, die für einen echt religiösen Menschen kennzeichnend sind. Zu wenig Feuer im Metall bewirkt starre geistige Haltungen und eine rigide Religiosität. Zu viel Feuer läßt religiöse Schwärmerei entstehen, zu wenig Sinn für das Wesentliche, zu wenig Klarheit. Im emotionalen Bereich vermag das Feuer einen traurigen Menschen wieder aufzumuntern und zum Lächeln zu bringen. Ein Scherz hilft oft über Niedergeschlagenheit hinweg.

Metall schneidet Holz. Die Polarität von Ausdehnung und Zusammenziehung, von Frühling und Herbst charakterisiert diese Beziehung. Menschen mit einem zu starken Metallelement empfindet man oft als sehr zurückgezogen oder von ihrer Umgebung abgeschnitten und isoliert. Oft scheinen sie eine alte Traurigkeit aus früher Kindheit mit sich herumzuschleppen, die sich in ihrer weißen Gesichtsfarbe äußert. Sie neigen dazu, die Schultern hängenzulassen und zeichnen sich durch Ängstlichkeit und eine pessimistische Grundhaltung aus, die verhindert, daß sie sich einen Neubeginn zutrauen und neuen Lebensmut schöpfen. Es fällt ihnen schwer, sich neuen Projekten und fremden Menschen zuzuwenden. Sie wagen nicht, sich durchzusetzen und lassen ihre Aggressionen nicht zu. Sie ziehen ihr trauriges Gesicht einem reinigenden Gewitter vor, und manchmal begründen sie die Hemmung ihrer Aggression durch eine religiöse Doktrin. Diese Beziehung findet man im aggressiven Pazifismus unserer Tage wieder.

Zu wenig Metall dagegen läßt das Holz wuchern. Ein solcher Mensch wird sehr expansiv leben und sich immer wieder in neue Abenteuer und Taten stürzen. Er wird voll Unternehmungsgeist und Erfindungsgabe sein, aber manchmal wird er sich in seinen Aktionen verlieren; der Sinn fürs Wesentliche mag ihm manchmal fehlen.

Holz durchbricht die Erde. Wenn der Wald oder Dschungel ein ganzes Land bedeckt, bleibt kaum Platz für fruchtbare Felder. Fehlt der Wald, wird das Erdreich die Feuchtigkeit nicht halten können, die Mineralien werden ausgeschwemmt, und das Land verwandelt sich in eine Steppe oder Wüste. Das Holz ist die Großmutter der Erde, es ist verantwortlich für ihre Fruchtbarkeit. Die Beziehung von Holz zu Erde wird durch die Polarität von Aktivität und Rezeptivität gekennzeichnet. Wenn ein Mensch zu aktiv ist, wenn er zu viele Pläne und Projekte in sich trägt und zu viele Entscheidungen im Alltag zu treffen hat, wird ein Großteil seiner Projekte nicht reifen können, und er selbst wird nicht zur Ruhe kommen. Wenn er wenig verwurzelt ist, wird er viel reisen oder unterwegs sein und sich immer »auf dem Sprung« fühlen. Eine solche Lebensweise kann zu Reizbarkeit führen, und ihm wird die Sicherheit fehlen, die das Erdelement gibt. Ein zu starkes Holzelement bringt eine allgemein aggressive Grundhaltung mit sich, und wo viel Aggression ist, ist wenig Raum für Mitgefühl, wenig Bereitschaft, für andere zu sorgen und dazusein.

Ist das Holzelement dagegen schwach und kann das Holz die Erde nicht kontrollieren, kann ein Shih-Zustand der Milz entstehen, ein übermäßiges Sorgen für andere, eine überschwengliche Romantik oder ein ständiges Grübeln darüber, was man im Leben versäumt zu haben glaubt, da man sich selbst nicht durchgesetzt hat.

Erde dämmt das Wasser. Das Bild dieser Beziehung ist der Staudamm, der den Lauf des Wassers reguliert. Er verhindert eine Überschwemmung der Landschaft nach heftigen Regenfällen. Das Zusammenspiel von Erde und Wasser bewirkt, daß für die Bewässerung der Felder das ganze Jahr hindurch genug Wasser zur Verfügung steht. Im menschlichen Bereich drückt sich diese Beziehung als Polarität von Realitätssinn und tiefen, unkontrollierbaren Gefühlen aus, als Polarität von praktischer Vernunft und Mystik und Innerlichkeit. Auf der einen Seite steht die Erde mit ihrem Sinn für die praktischen Belange des Lebens, auf der anderen das Wasserelement mit seiner Neigung, sich in Träume, Musik, Drogen, tiefe Gefühlszustände und Unbewußtes sinken zu lassen.

Ist das Erdelement in einem Menschen zu stark, wird sein Bestreben sich darauf richten, sein Haus in Ordnung zu halten, seine Arbeit zu tun und seine Pflichten korrekt zu erfüllen, Geld zu verdienen und von seiner näheren Umgebung und der Gesellschaft anerkannt zu werden. Um diese Anerkennung zu erlangen, wird er die Moral und Ethik seines Landes befolgen – nicht unbedingt aus einem ureigenen Gefühl für Gut und Böse heraus, sondern um zu erscheinen comme il faut. Seine aufs Materielle gerichtete Begabung läßt ihm wenig Raum zu einem tieferen Verständnis des Wasserelements. Er wird es in sich und bei anderen unterdrücken, vielleicht sogar bekämpfen. Oft fällen solche Menschen Pauschalurteile über Meditation, Hypnose, Drogen und ekstatische Gefühle. Einer derartigen Verhaltensweise liegt meist die Angst vor der eigenen unterdrückten Gefühlswelt zugrunde, vor dem eigenen Unbewußten, eine Angst, die der Angst vergleichbar ist, die am Meer lebende Menschen vor Flutwellen und Überschwemmungen haben.

Ist das Erdelement jedoch zu schwach und kann es den Fluß des Wassers nicht mehr ausreichend regulieren, kommt es zur Überschwemmung der Psyche durch Gefühle, deren man nicht mehr Herr werden kann. Man wird von starken Gefühlen durchflutet und bekommt Angst, den Boden unter den Füßen zu verlieren. Tiefe Gefühlszustände sind häufig von dieser Angst begleitet, von der Angst, die Kontrolle über sein eigenes Leben und seine Handlungen zu verlieren. Diese Angst verliert sich erst dann, wenn man gelernt hat, dem Wasser und dem Schicksal zu vertrauen.

Wenn das Element Wasser in einem Menschen überhand nimmt, kommt es zu einem Gefühl des Ausgeliefertseins, jener Angst vergleichbar, die jemand inmitten eines Taifuns oder einer Sturmflut empfinden mag. Diese existentiellen Ängste findet man als wesentliches Merkmal bei Drogenabhängigkeit, Psychosen und verwandten seelischen Störungen.

Der Ko-Zyklus beschreibt die Beziehung von Yang und Yin im Organismus. Das Yang-Organ der »Großmutter« kontrolliert das Yin-Organ des »Enkels«. Die Gallenblase zum Beispiel kontrolliert die Milz, der Magen die Niere und so

fort. Jede Über- oder Unterfunktion der Gallenblase wird das Energiesystem des Milz-Pankreas beeinträchtigen und in vielen Fällen schädigen. Vereinfacht ausgedrückt könnte man sagen, eine Überfunktion der Gallenblasenenergie führt zu einer Unterdrückung des Energiekreislaufs in der Milz. Bei einer Unterfunktion wird dieser Energiekreislauf zu stark und kommt dadurch aus dem Gleichgewicht.

Der Ko-Zyklus ist dafür verantwortlich, daß ein Gleichgewicht der Elementkräfte untereinander erreicht und erhalten werden kann, sowohl in der Natur als beim Menschen. Über diesen Zyklus wird das Wachstum jedes einzelnen Elements so weit eingeschränkt, daß organisches, sinnvolles Wachstum entsteht.

Wendet man den Ko-Zyklus auf den Gefühlsbereich an, wird ersichtlich, daß die Grundgefühle des Menschen gleichwertig sind. Zorn, Ärger, Freude, Lachen, Mitgefühl, Trauer und Angst sind für das emotionale Gleichgewicht des Menschen gleich wichtig. Sie sind in ihrem Ausdruck gleichberechtigt. Ein Mensch, dessen Elementkräfte im Gleichgewicht sind, wird alle diese Gefühlsregungen zu empfinden und zu leben imstande sein. Das ist für uns nicht selbstverständlich. Freude und Mitgefühl werden meist positiv bewertet, Zorn, Trauer und Angst negativ. Diese Haltung hat weitreichende Folgen, denn jedes dieser Grundgefühle, das von einem einzelnen oder einer Gesellschaftsform negativ bewertet, unterdrückt oder verdrängt wird, wird das feine Zusammenspiel der Elemente empfindlich stören. Ein Mensch, der niemals Zorn und Ärger zeigt, mag angenehm für die Mitmenschen sein, bei ihm selbst wirkt sich dieses Verhalten aber nicht nur auf sein Holzelement, sondern unmittelbar auch auf sein Feuer und seine Erde aus. Höchstwahrscheinlich wird er wenig Wärme und Spontaneität zeigen und wenig echte Lebensfreude empfinden. Er wird versuchen, sich anderen möglichst angenehm und gefällig zu zeigen, aber sein Körper wird dieses Ungleichgewicht erkennen lassen. Er mag zu Übergewicht neigen, zu Diabetes, Gastritis oder anderen Erkrankungen des Erdelementes.

Viele analoge Beispiele ließen sich anführen. Einem Menschen, der nicht lachen und weinen kann, der nicht zornig und ängstlich sein kann, einem Menschen, der nicht die Sorgen anderer nachempfinden kann, fehlt eine Kraft, die es ihm ermöglicht, das Leben voll und ganz zu leben. Jedes einseitige Vorherrschen bestimmter Gefühle, bestimmter Denkweisen und Lebensgewohnheiten bewirkt ein mit der Zeit zunehmendes Ungleichgewicht der Elemente und führt zuerst zu einer Beeinträchtigung des Wohlbefindens, zu Unbehagen und Unglücklichsein und später, wenn das Unbehagen chronisch geworden ist und oft gar nicht mehr bewußt erlebt wird, zu körperlichen Erkrankungen meist ebenso chronischer Natur. Die Mehrzahl der sogenannten Zivilisationskrankheiten entsteht auf diese Weise. Sie entwickeln sich in einem Prozeß, der Jahre oder Jahrzehnte dauert. Sie spiegeln das Unbehagen in der Kultur wider, die Bürde der Zivilisation.

Der Zyklus der Auflehnung

Der Zyklus der Auflehnung wird in der chinesischen Tradition beschrieben als »Enkel, der gegen die Großmutter rebelliert«.

Wenn zuviel Energie im Holz ist, schädigt das Holz in erster Linie die Erde (über den Ko-Zyklus). In zweiter Linie kann es aber auch vorkommen, daß sich ein überstarkes Holzelement gegen das Metall »auflehnt« und dieses Element aus dem Gleichgewicht bringt. Das ist die Beziehung des starken, frechen Enkels zu seiner Großmutter, gegenüber der er den Respekt verloren hat und gegen deren Erziehungsmaßnahmen er sich stellt. Ein Überschuß im Holz kann also sowohl eine Krankheit im Erdelement be-

wirken als auch eine Krankheit oder Störung des Metalls. So wird zum Beispiel ein Mensch, dessen Hauptaugenmerk dem Beruf und der Karriere gilt, der sich ständig durchsetzen, seine Position behaupten und präzise Entscheidungen treffen muß, oft Symptome einer Störung im Metall zeigen. Er mag nicht imstande sein, seine Identität als erfolgreicher Unternehmer im Alter aufzugeben. Er mag an einem solchen Abschied zerbrechen oder unfähig geworden sein, echte Trauer zu empfinden.

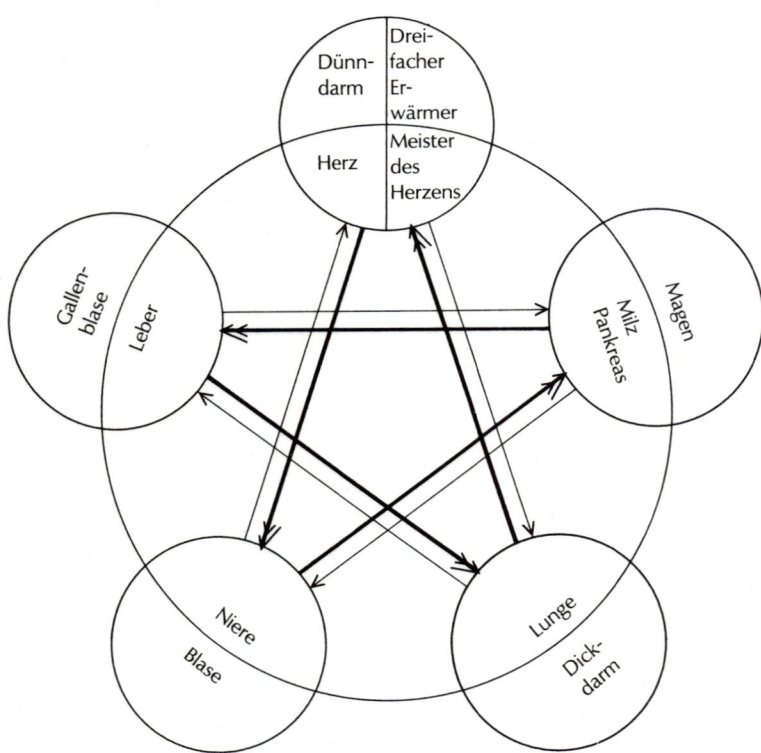

Der Zyklus des Entziehens

Dieses Gesetz wird bildhaft beschrieben als »Sohn, der die Mutter schädigt« oder als »gieriger Sohn, der der Mutter die Kraft entzieht«.

Wenn durch einseitige Lebensgewohnheiten, eine unausgewogene Charakterstruktur oder durch besondere Belastung eines Elements bei chronischer Erkrankung die Kraft dieses Elements überbeansprucht wird, kann es vorkommen, daß dem Mutter-Element (über den Sheng-Zyklus) mehr Energie entzogen wird, als dieses zu einem gesunden Funktionieren braucht. So können eine sitzende Lebensweise, ständiges Lesen, Grübeln und Denken oder eine chronische Erkrankung des Erdelements nicht nur die Erde schwächen, sondern auch das Feuer – und unter Umständen zu einer Erkrankung im Feuerelement führen. Die Mutter, die sich ihr halbes Leben lang um ihre Familie sorgt und ständig für alle Mitgefühl aufbringen muß, wird im Laufe der Zeit, wenn sie nicht eine Persönlichkeit mit starken inneren Ressourcen ist, ihre Freude an dem verlieren, was sie den ganzen Tag tut. Andere Beispiele sind der Beamte oder der Buchhalter, denen die Lebensfreude im Laufe der einseitig verbrachten Jahre immer mehr abhanden kommt.

Ein Beispiel soll verdeutlichen, welche Rolle die vier Zyklen bei der Entstehungsgeschichte einer Krankheit spielen können. Eine Lungenerkrankung wird in vielen Fällen direkt von einem emotionalen und physiologischen Ungleichgewicht des Metallelements herrühren. Die gleiche Lungenkrankheit kann aber auch durch eine Erkrankung der Milz bedingt sein (»Die Mutter gibt dem Sohn ungenügende Nahrung.«). Sie kann aus einer Überbeanspruchung der Niere entstehen (»Der Sohn entzieht der Mutter die Kraft.«). Auch eine Störung im Feuerelement, zum Beispiel ein Herzklappenfehler oder arteriosklerotische Gefäße, kann die Ursache der Lungenerkrankung sein (»Die Großmutter ist zu weich/zu hart mit dem Enkel.«). Schließlich kann die Erkrankung vom Holz ausgehen (»Der Enkel rebelliert gegen die Großmutter.«).

An diesem Beispiel kann man sehen, wie wichtig eine genaue Diagnose der Ursache einer Erkrankung ist, denn diese Diagnose bestimmt den Ansatzpunkt der Therapie. So wird man zum Beispiel eine chronische Bronchitis manchmal über die Erde behandeln, in einem anderen Fall über das Feuer und wieder in einem anderen Fall über Lunge und Dickdarm, die Organe des Metalls.

Das Element, von dem die Erkrankung oder Störung ausgeht, läßt sich mit den feinen Methoden der fernöstlichen Diagnostik, auf die hier nicht näher eingegangen werden kann, feststellen. Schwere und akute Symptome – hohes Fieber, Kreislaufkollaps, starke Schmerzen und so fort – erfordern fast immer eine direkte, »symptomatische« Behandlung, vor allem wenn es sich um lebensbedrohliche Zustände handelt. Erst danach kann sich der Arzt um die ursächliche Störung kümmern. Die Heilung von chronischen Symptomen aber gelingt meist nur dann, wenn man die ursächliche Störung gefunden und behandelt hat.

Die Erfolge der traditionellen chinesischen Medizin bei chronischen Erkrankungen beruhen zu einem wesentlichen Teil auf der Wiederherstellung des Gleichgewichts der Elemente, die bei Kenntnis der vier Zyklen mit Hilfe geeigneter Therapiemaßnahmen – Diät, Kräuterextrakte, Atem- und Körperübungen, Meridianmassage, Shiatsu, Akupunktur und Meditation – in vielen Fällen gelingt.

Die praktische Anwendung der Zyklen

Das Kapitel über die vier Zyklen kann dir bei der Auswahl der Übungen, die bei den einzelnen Elementen beschrieben wurden, helfen, die richtige Wahl zu treffen und die Übungen herauszufinden, die deinen Bedürfnissen entsprechen. Du wirst auch einige Erlebnisse und Erfahrungen verstehen und deuten können, die du bei regelmäßiger Anwendung dieser Übungen haben wirst.

Die Reihenfolge der Übungen ist ebenfalls wichtig. Es ist von Vorteil, die Übungen im Verlauf des Sheng-Zyklus anzuordnen, mit Holz beginnend, mit Wasser abschließend.

Bei den Körperübungen, die den Energiefluß durch Organe und ihre Meridiane anregen, empfiehlt es sich, in der Reihenfolge vorzugehen, in der die Energie in den Meridianen kreist. Diese Reihenfolge ist unabhängig von den in diesem Kapitel beschriebenen vier Zyklen. Der Kreislauf der Meridiane hat eine eigene Gesetzmäßigkeit: Lunge – Dickdarm – Magen – Milz – Herz – Dünndarm – Blase – Niere – Meister des Herzens – Dreifacher Erwärmer – Gallenblase – Leber – und wieder Lunge und so fort.

Nachwort

Jede Zeitepoche und jede Kultur hat ihre Achillesferse. Die Achillesferse des zwanzigsten Jahrhunderts ist die zunehmende Vergiftung unseres Planeten und seiner Atmosphäre und die immer stärker werdende Bedrohung der Natur durch den Menschen, der auf der Suche nach mehr Wohlstand und materieller Sicherheit dabei ist, seine eigenen Lebensgrundlagen und die von Pflanzen und Tieren zu vernichten. Technik und Zivilisation, die geschaffen wurden, um uns vor den Naturgewalten zu schützen, haben derart überhandgenommen, daß sie die Natur und ihre Regelkreisläufe aus dem Gleichgewicht bringen und wir uns vor die Frage gestellt sehen, wie wir uns vor eben unserer Technik und Zivilisation schützen können.

Im 18. und 19. Jahrhundert waren es soziale Gegensätze und Klassenunterschiede, die eine Hochspannung im Gesellschaftsgefüge der europäischen Nationen und der Vereinigten Staaten bewirkten. Diese Gegensätze führten zu großen Umwälzungen und Revolutionen, von der Französischen Revolution bis zum Entstehen der kommunistischen Systeme in Osteuropa. In der zweiten Hälfte des zwanzigsten Jahrhunderts ist die ökologische Frage in den Vordergrund gerückt. Es geht heute in Europa und Nordamerika nicht mehr in erster Linie um die Auseinandersetzung Mensch contra Mensch, sondern um die Auseinandersetzung Mensch contra Natur.

Die Erde ist ein Lebewesen, ein riesengroßer Organismus, erzählen die Hopi-Indianer. Im zwanzigsten Jahrhundert ist sie krank, sie ist im Fieber, die Naturgeister ziehen sich in das Innere der Erde zurück. Und es ist möglich, daß sie im Fieber krampft und sich schüttelt, bis sie wieder frei atmen kann.

Die Menschheit kann als das Gehirn der Erde angesehen werden, als Träger einer bestimmten Form von Intelligenz und rationaler Logik: die Menschen als graue und weiße Ganglienzellen des Organismus Erde. Diese Ganglienzellen sind imstande, sehr rasch voneinander zu lernen und ihre Erfahrungen an andere Teile des Nervensystems weiterzugeben. Sie sind imstande, Veränderungen zu denken, sie in die Tat umzusetzen und damit andere Teile des Organismus zu verändern.

Es verhält sich ähnlich wie im menschlichen Organismus. Der Mensch ist imstande, seinem Geist zu folgen –, auch gegen seinen eigenen Körper. Der Mensch ist imstande, seinem Denken zu folgen –, auch wenn es den Körper krank macht. Ein Kind, das die Welt des Geistes und der Ideen entdeckt, mag von dieser Welt so fasziniert sein, daß es alles rundherum vergißt. Je mehr es nachdenkt und liest, desto mehr wird es sich in der Welt der Ideen zu Hause fühlen. Und nach und nach wird es sein Denken für die Wirklichkeit halten, die Ideen über das Leben für das Leben selbst. Irgendwann wird es sogar noch weiter gehen und seinen Sinnen nicht mehr trauen, wenn ihm diese Sinne Eindrücke vermitteln, die nicht in seine Konzepte passen.

So wie viele Menschen in der westlichen Welt mit ihrem Körper umgehen, geht die Menschheit als Ganzes mit unserer Erde um. Viele Menschen im Westen wissen nicht mehr, wie es sich anfühlt, *im* Körper zu sein, der Körper zu sein. Sie wissen nicht mehr, wie es ist, die Welt mit unzensurierten Sinnen wahrzunehmen. Sie *haben* einen Körper, sie sind nicht der Körper. Sie verwechseln das Nachdenken über die Lebensprozesse – Wissenschaft und Bildung – mit den Lebensprozessen selbst.

Ebenso wie die westliche Medizin den Zivilisationskrankheiten und chronischen Selbstzerstörungsprozessen weitgehend hilflos gegenüber steht, zeigt sich große innere Ratlosigkeit und Entscheidungsschwäche, wenn es darum geht, das Waldsterben aufzuhalten oder die Atemluft in den Ballungszentren wieder genießbar zu machen. Unsere Gesellschaft steht Krebs, AIDS, Arteriosklerose, Diabetes, Polyarthritis, Allergien und den immer häufiger werdenden Hauterkrankungen ähnlich machtlos gegenüber wie der schleichenden Zerstörung der Flüsse und Wälder und des Bodens durch chemische Produkte, Schwermetalle und Radioaktivität. Wir sind nicht bei Sinnen, sonst würden wir längst revoltieren.

Was tun? Wo ansetzen? Worin besteht das heute so oft geforderte Umdenken? Wie kön-

nen wir die Abtrennung des Menschen von der Natur, die Spaltung in Kopf und Körper wieder rückgängig machen? Wie finden wir zu einer Einheit zurück?

Es gibt in der westlichen Welt derzeit nur eine kleine Minderheit von Menschen, die sich der Tragweite dieser Problematik bewußt ist. Von den Verantwortlichen in Politik, Industrie und Erziehung sind bestenfalls kosmetische Operationen zu erwarten, aber keine grundsätzliche Änderung ihrer Denkschemata und Verhaltungsweisen. Erst eine ökologische Katastrophe wird sie dazu zwingen, rasch und gründlich umzudenken und die vorwiegend materiellen Ziele unserer Wohlstandsgesellschaft durch andere, lebensfreundlichere zu ersetzen.

Was tun? Wo können wir die Abtrennung von der Natur, die Spaltung in Kopf und Körper wieder rückgängig machen? Indem wir bei uns selbst beginnen.

Wir haben nicht die Macht, einen toten Fluß wieder lebendig zu machen. Wir haben nicht die Macht, die Industrien zu zwingen, umweltfreundlicher zu produzieren. Wir haben nicht die Möglichkeit, die giftigen Verkehrsmittel von heute auf morgen abzuschaffen. Unsere Wirtschaft ist so komplex geworden, ihre einzelnen Zweige so voneinander abhängig, daß eine radikale Änderung unser direktes Überleben erschweren würde. Wir können uns aber dafür einsetzen, daß etwas geschieht. Wir können uns selbst so zu verändern suchen, daß wir immer weniger Konsumgüter, Versicherungen und Ersatzbefriedigungen benötigen. Wir können weniger Autos kaufen, wir können weniger Auto fahren, und wir können weniger Pharmaprodukte schlucken. Wir können neue Ziele wählen, die unseren Körper, unsere Seele und unseren Geist gleichermaßen befriedigen – und unserer Umwelt und uns selbst weniger schaden.

Es wird wieder wichtiger, Vertrauen zu gewinnen, wieder vertraut zu werden mit den Naturkräften, wieder vertraut zu werden im Umgang mit sich selbst und den anderen. Aus der Angst heraus kann man keinen Krebs besiegen. Es wird wieder wichtiger, uns mit den Grundbedürfnissen unseres Körpers wie unserer Seele zu beschäftigen, um eine Rückbesinnung auf Wesentliches zu ermöglichen.

Die Entsprechungen der fünf Elemente

	Holz	Feuer	Erde	Metall	Wasser
Yin/Yang	junges Yang	altes Yang	Neutral	junges Yin	altes Yin
Bewegung	Expansion	vertikal aufwärts	horizontal hin und her	Konzentration	vertikal abwärts
Richtung	Osten	Süden	Mitte	Westen	Norden
Jahreszeit	Frühling	Sommer	Nachsommer	Herbst	Winter
Wetter	Wind	Hitze	Feuchtigkeit	Trockenheit	Kälte
Energetischer Charakter	laue, milde, Wärme	dampfend heiß	neutralisierend	abkühlend	bitter kalt und gefroren
Tageszeit	Morgen	Mittag	Nachmittag	Abend	Nacht
Lebenszyklus	Geburt und Wachstum	Blüte	Reife und Wechsel	späte Reife, Niedergang	Stagnation und Untergang
Verwendung der Kraft zum	Sprießen	Blühen	Reifen	Ernten	Aufbewahren
Astrologisches Yang-Tier	Tiger	Pferd	Hund/Schaf	Hahn	Bär
Astrologisches Yin-Tier	Hase	Schlange	Ochse/Drache	Affe	Ratte
Yang-Zahlen	3	7	5	9	1
Yin-Zahlen	8	2	10	4	6
Die fünf Tsang	Leber	Herz	Milz-Pankreas	Lunge	Niere
Die fünf Fu	Gallenblase	Dünndarm	Magen	Dickdarm	Blase
Gewebe	Muskeln und Sehnen	Blutgefäße	Bindegewebe	Haut	Knochen und Mark
Sinnesorgan	Auge	Zunge	Mund	Nase	Ohr
Die fünf Sinne	Sehen	Sprechen	Schmecken und Berühren	Riechen	Hören

Die Entsprechungen der fünf Elemente

	Holz	Feuer	Erde	Metall	Wasser
Körperflüssigkeit	Tränen	Schweiß	Speichel und Lymphe	Schleim	Urin
Ausdruck der Kraft	Nägel	Teint	Lippen	Körperhaar	Kopfhaar
Farbe	Grün	Rot	Gelb und Braun	Weiß	Blau und Schwarz
Gesichtsfarbe bei Krankheit	hellgrün, olive	rot und weiß gemischt	gelblich	bleich	schmutziggrau, dunkelbraun
Geruch bei Krankheit	sauer, ranzig	versengt, verbrannt	unangenehm süßlich	verdorben, geräuchert, fischelnd	faulig, verwesend
Verhalten bei Streß	Kontrolle, Selbstbeherrschung	Traurigkeit und Kummer	Sturheit, Uneinsichtigkeit; Aufstoßen	Verweigerung; Husten	Zittern
Emotion	Wut und Zorn	Freude	Mitgefühl und Sorge	Trauer	Furcht und Angst
Klangfarbe der Stimme	laut schreiend	lachend, kichernd	melodisch singend	weinend	stöhnend, tief
Vorherrschendes Temperament	cholerisch	sanguinisch, auf und ab	phlegmatisch, zwanghaft	melancholisch, mutlos	ängstlich, paranoid
Elementargeist	*Hun* Seele, Inspiration, Vision	*Shen* Bewußtsein, Liebe	*I* Intellekt, praktische Intelligenz	*P'o* Instinkt	*Tchen* Lebenswille, Libido, Ambition
Funktionen des Elementargeistes	Pläne und Entscheidungen, Organisation	Integration, Verfeinerung, Führung	Nachdenken, Gedächtnis, konstruktive Transformation	Konzentration, Systematik	Ehrfurcht, Meditation, Energiepotential

Die Entsprechungen der fünf Elemente

	Holz	Feuer	Erde	Metall	Wasser
Energieform	spirituell	psychisch	physisch	vital	ancestral (ererbtes Energie-potential)
Einfluß des Elementes auf	Entwicklung der Körperkraft	Energiefluß in den Meridia-nen	Entwicklung der Körperform und Konsistenz	Rhythmik von Anspannung und Entspan-nung	Vorstellungs-kraft, Bilder-welt, Phantasie
Therapieform zur Stärkung des Elements	Sport, Karate, Tai Chi, Yoga etc.	Psychothera-pie, Akupunk-tur	Ernährungs-lehren und Diät, Massage	Atemtherapie, Rebirthing, Blütenessenzen	Autogenes Training, Hyp-notherapie, Meditation, Moxibustion
Traumanalyse (Beispiele)	Wald und Bäume, Pilze, Kampf und Sport, Schlach-ten	Brand, Geläch-ter, Menschen-mengen	Gesang und Musik, Schwere, Essen und Trinken	Fliegen, weiße Gegenstände	Ertrinken, Schiffe
Geschmack	sauer	bitter	süß	pikant, scharf gewürzt	salzig
Getreide	Weizen, Roggen	Mais	Hirse	Reis, Hafer	Bohnen
Früchte	Pflaumen, Beeren	Aprikosen	Datteln	Pfirsiche	Weintrauben
Zubereitung	dämpfen	roh essen	dünsten, schmoren	backen	braten
stärkend	Süßholz	Ginseng	Orangen-schalen	Cayenne-Pfeffer	Eibischwurzel
bei Überschuß beruhigend	Salbei	Kümmel	Basilikum	Ingwer, Knoblauch	Petersilie

Hinweis

In diesem Buch habe ich versucht, ein Wissen zu vermitteln, das aus Erfahrung und aus dem persönlichen Kontakt zu asiatischen Ärzten, Heilern und Meistern gewachsen ist. Ich brauchte diesen Kontakt, um immer wieder Vor-Bilder zu haben und blinde Flecken gezeigt zu bekommen. Wenn du dich eingehender mit den verschiedenen Bereichen der traditionellen chinesischen Medizin — Fünf-Elementen-Lehre, Meridianmassage, Akupressur und Akupunktur — befassen willst, empfehle ich dir, dir einen Lehrer zu suchen, der dir Wissen und Erfahrung persönlich vermitteln kann.

Wenn du mir schreibst, was du lernen oder erfahren möchtest, sende ich dir gerne ein Seminarprogramm von mir oder dir bekannten Lehrern zu. Bitte richte die Anfrage an

Verlag Hermann Bauer KG
Postfach 167
D-7800 Freiburg

Literaturhinweise

Capra, Fritjof: *Wendezeit;* Knaur, München, 1988.

Connelly, Dianne M.: *Traditionelle Akupunktur. Das Gesetz der fünf Elemente.* Endrich, Heidelberg.

Essentials of Chinese Acupuncture; Foreign Language Press, Beijing, China, 1980.

Frühling und Herbst des Lū Bu We (übersetzt von Richard Wilhelm); Diederichs, Köln, 1979.

Gach, Michael: *Aku-Yoga;* Kösel, München, 1985.

Huang Ti Nei Ching Su Wen – The Yellow Emperor's Classic of Internal Medicine (übersetzt von Ilza Veith); University of California Press, Berkeley, California, 1972.

Illich, Ivan: *Die Nemesis der Medizin;* Rowohlt, Reinbek, 1984.

Jayasuriya, Pothmann, Stiller, Stux: *Akupunktur-Lehrbuch und Atlas;* Springer, Heidelberg, 1985.

Lao-tse: *Tao Te King* (neue Bearbeitung von Gia-Fu Feng und Jane English); Hugendubel, München, 1986.

Needham, Joseph: *Wissenschaftlicher Universalismus. Über Bedeutung und Besonderheit der chinesischen Wissenschaft;* Suhrkamp, Frankfurt, 1977.

Worsley, J.R.: *Was ist Akupunktur?;* Plejaden, Berlin, 1986.

Zeitler, Hans, und Bahr, Frank R.: *Meridiane, ihre Punkte und Indikationen.* Vieweg, Wiesbaden.

Zukav, Gary: *Die tanzenden Wu Li Meister;* Rowohlt, Reinbek, 1981.

Register

Adrenalin 74
Aggression 18, 21, 84, 86
Alkoholismus 18
Allergien 53, 63
Ancestrale Energie 71
Anerkennung 50, 87
Angina pectoris 37
Angst 74, 84, 86
Atmung 62
Atmungstypen 62, 65
Augenerkrankungen 19

Bandscheibenschäden 73
Besessenheit 52
Bitterkeit 18
Blasenentzündung 73
Blutdruck, hoher 19
Blutkreislauf 36, 37
Bronchitis 65, 92

Ch'i 62, 63
chronische Erkrankungen 92

Depression 18, 86
Depression, manische 37
Diabetes 89
Dickdarm 62
Dreifacher Erwärmer 37
Drogen 87 f.

Dünndarm 37
Durchfälle 53, 65, 74

Einsamkeit 84
endokrine Drüsen 73
Epilepsie 20
Ernährung 53, 82

Fanatismus 64
Freude 34, 83, 86, 88
Frigidität 73
Fruchtbarkeit 50, 54
Frühjahrsmüdigkeit 20
Frustration 17
Furcht 74

Gallenblase 16
Gallensteinleiden 17
Gastritis 53, 89
Gedächtnis 51
Gehirn 73
Genetischer Code 71
Geruchssinn 64

Haarausfall 73
Haut 63
Hauterkrankungen 53, 63
Herz 34
Herzinfarkt 35

Herzschmerzen 37
Herzrhythmusstörungen 37
Hohlkreuz 73
Hormone 74
Hsu 35
Hun 15
Hypochonder 20
Hysterie 37, 86

I 51
Immunschwäche 53
Immunsystem 53
Impotenz 73
Instinkt 64
Intellekt 51
Interesselosigkeit 18
Ironie 18
Ischias 73

Knochenerkrankungen 73
Kopfschmerzen, siehe Migräne
Kopfschmerzen hinter den Augen 19
Krebs 19, 84
Kreislaufschwäche 37

Leber 16
Libido 73
Liebe 22, 50, 86
Lunge 62
Lungenentzündung 65
Lymphknoten 52f.

Magen 52
Magengeschwür 53
Mandeln 52
Meditation 36, 74, 88
Meister des Herzens 35
Melancholie 84

Meridian 25
Meridiane, Kreislauf der 93
Migräne 17, 20
Milz 53
Mitgefühl 50, 84, 87, 88
Mittelohrentzündung 74
Muskelverspannung 19

Nebenhöhlenentzündung, chronische 65
Nebenniere 36
Nervosität 35, 37
Niere 71, 82
Nierenentzündung 74
Nierensteine 73

Ödeme 72
Ohrensausen 74
Optimismus 63
Orgon 62

Pankreas 52
Paranoia 74
Perikard 35
P'o 64
Polyarthritis 18, 20
Prana 62
Puritanismus 64

Quantenfeld 62

Reizbarkeit 17
Resignation 18
retikulo-endotheliales System (RES) 52
rheumatische Erkrankungen 18
Rigidität 73
Rückenschmerzen 19

Sanjiao 37

Schizophrenie 20
Schlaflosigkeit 37, 74, 86
Schwerhörigkeit 74
Schwitzen 35
Sehfehler 19
Selbstmitleid 50
Selbstsicherheit 50
Sexualität 22, 37
sexuelle Potenz 73
Shen 35
Shih 35
Sodbrennen 53
Sprachstörungen 37
Streß 35
symptomatische Behandlung 92

Tablettensucht 18
Tao 14, 74

Tchen 73
Trägheit 18
Trauer 64, 88
Träume 74, 87
Traurigkeit 63, 84, 86

Übergewicht 72, 89

Wut 17

Yang-Niere 36, 73
Yin-Niere 73

Zivilisationskrankheiten 20, 89
Zorn 17, 83, 88
zwanghafte Verhaltensweisen 51
Zwölffingerdarmgeschwür 53
Zynismus 17

Verlag Hermann Bauer · Freiburg im Breisgau

Wolf-Dieter Storl

Feuer und Asche – Dunkel und Licht

240 Seiten mit 16 s/w-Abbildungen, geb. ISBN 3-7626-0351-0

Shiva ist einer der ältesten Götter des Hinduismus. Er existierte bereits lange bevor die ersten arischen Einwanderer den indischen Subkontinent betraten. Shiva ist das Universum und vereinigt alle Gegensätze in sich. Er ist das Dunkel und das Helle, das Gute und das Böse, das Männliche und das Weibliche, das Leben und der Tod, der Makrokosmos und der Mikrokosmos in einer einzigen Person. Wer Shiva verehrt, verehrt all das, was in ihm selbst liegt, und all das, was sich im Kosmos ausdrückt.

Dieses Buch beschäftigt sich weniger mit einem der unzähligen, vielgestaltigen Götter Indiens als vielmehr mit den Tiefen der menschlichen Seele, mit einem Urbild, das von jenseits unseres rationalen Bewußtseins Impulse schickt, die wir oft nur mit Schrecken und Grauen wahrnehmen. Shiva ist einer der Archetypen des kollektiven Bewußtseins, das Urbild des Menschen selbst.

In Indien hat sich dieses Urbild auf besondere Weise erhalten. Sorgfältig wurde es jahrhundertelang in Kulten gepflegt und mit Sagen und Geschichten umrankt. Indem wir Shiva kennenlernen, lernen wir uns selbst kennen. Wir steigen in die Tiefen unserer eigenen Seele, vorbei an giftspeienden Drachen, durch die Reiche der Zwerge und Elfen, der Ahnen und Totengeister, bis in die Schatzkammer unserer eigenen Seele, wo unser innerstes Selbst verborgen liegt – das Selbst, das die Hindus Shiva, den Gnädigen, nennen.

»Es ist nicht mein Anliegen, hier über einen weiteren der unzähligen, vielgestaltigen Götter Indiens zu berichten. Indem wir uns mit Shiva befassen, wollen wir die Tiefen der menschlichen Seele ausloten und ein verborgenes Urbild ein wenig mit dem fahlen Licht unseres Geistes beleuchten. Es handelt sich um ein Urbild, das einst die Seele erleuchtete und dem Menschen in die Seele eingraviert blieb. Es wurde mit zahllosen Namen belegt, mit vielen Merkmalen geschmückt und ständig verehrt. Diese Erscheinung wurde als Fürst aller Urbilder anerkannt, als Herr der Götter. Sie enthält den Hinweis auf das unaussprechliche Geheimnis des Menschen.« Wolf-Dieter Storl

Verlag Hermann Bauer · Freiburg im Breisgau

Verlag Hermann Bauer · Freiburg im Breisgau

Gordon Inkeles & Murray Todris

Die Kunst der zärtlichen Massage

4. Auflage, 167 Seiten mit 161 s/w-Abbildungen, kart. ISBN 3-7626-0265-4

Berührung und Massage sind ein Ausdruck von Sinnlichkeit. Weder besondere Kniffe noch umfassende Kenntnisse in Anatomie oder ausgefallene Techniken sind nötig. Man braucht nur einen warmen, ruhigen Platz und eine Flasche mit Duft- und Massageöl, um dem anderen steigendes Wohlbefinden zu vermitteln, seine Sorgen zu vertreiben und Entspannung zu ermöglichen.

Einfühlsame Berührungen können eine neue Beziehung mit Wärme erfüllen oder einer schon leicht abgenutzten Partnerschaft frischen Auftrieb geben; sie können das Zusammenleben liebevoller und die Liebe erotischer machen und haben außerdem eine wunderbare therapeutische Wirkung.

In einer Welt voll teurer Kinkerlitzchen, nur dazu produziert, die Lebensfreude zu steigern, ist es außerordentlich befriedigend, wenn man erkennt, daß man einzig und allein mit Hilfe seiner Hände soviel Freude geben kann. Massage kann über jede Beschreibung oder Vorstellung hinaus eine außerordentliche sinnliche Erfahrung sein.

Die Kunst der zärtlichen Massage ist in einer angenehmen Mischung aus Engagement, Humor und Wärme geschrieben. Wie die Massage selbst sollte man das Buch mit Muße genießen. Es ist ein Buch zum Durchschmökern, das außerdem durch seine stimmungsvollen Abbildungen fasziniert.

»Wenn Sie den Mann Ihres Lebens ermutigen wollen, sinnlicher, romantischer und einfallsreicher zu werden ... stecken Sie ihm *Die Kunst der zärtlichen Massage* in den Strumpf.«   Miss London

»Wunderschön gemacht! Ein Buch zum Verschenken, besonders, wenn Sie möchten, daß man diese Techniken bei Ihnen anwendet.«
Cosmopolitan

»Ansprechend und informativ ... und erklärt Ihnen, was Sie wann und wo massieren sollten. Sehr empfehlenswert.«   Forum

»... Der Leser wird schrittweise von notwendigen Vorbereitungsmaßnahmen zu den Griffen und Methoden der vollständigen Körpermassage (nach Körperregionen gegliedert) bis hin zu besonderen Anwendungen und der erotischen (nicht Sex-!) Massage geführt. Atmosphärisch schöne, sinnliche (Nackt-)Fotos begleiten den unaufdringlichen, keiner Schule verpflichteten Text. Die Techniken können gefahrlos bei jedem Normalgesunden angewendet werden.«

Uwe-F. Obsen im »ekz-Informationsdienst« (ID) und in »Besprechungen Annotationen« (BA) der Einkaufszentrale für öffentliche Bibliotheken

Verlag Hermann Bauer · Freiburg im Breisgau